母性革命

子育てに惑う人々へ

村山和世

はじめに

私が、この書に記した事は、全て、私自身の体験に基づくものです。ここに挙げている事例は、私が実践して来た内容の記録であり、それらの事例を通して得た私の洞察の記録です。

私は、心理学や、教育学の専門家ではありませんし、研究者でもありません。

私は、この本を書くに当たって、心理学を学び直したり、他の方の諸説、学説を読むことはしませんでした。ですから、この書の内容は、純粋に、私が体験し、実践し、分析したことのみです。

一人の民間人として、学習塾を営んで来たことが、私の唯一の社会生活です。自ら、二人の子を育て、その「母」の心で、学習塾という窓口を通して出会った多くのお子さんたちの、成長の一助を担って来たことが、私の唯一の社会体験です。

しかし、私は、誇りを持って、「母」であることの他、私には何も無いということを強調したいと思います。

男性は、当然のことながら、子を産んだことはありませんし、子育てをしているにしても、「産んで育てる」のと、「他者の産んだ子を育てる」のは、その根源的な感覚において、たいへん違う部分があるのです。また、キャリアウーマンとして、業績を残したり、学者として認められている人がいるにしても、その「キャリア」のために、○歳の子を、保育園に預けたり、他の人（自分の母親など）に、その養育の大部分を担ってもらっているなら、その人の「母」の部分は、〝薄く〟〝軽い〟ものであることは否めません。

「産んでいない人」や、「育てていない人」の、子どもに関する研究や学説には、何か、砂上の楼閣のような部分があって当たり前ではないでしょうか。

子を育てるということは、一人の人間に、人生の基本を与え、その形成に、多大な、口に尽くせぬほどの影響を与えるということです。

母親として子どもを育てるということは、大きな歓びと共に、悩みと迷いの尽きぬ日々を生きるということです。

子育てに悩みが無かったという女性がいたとしたら、それは、忘れてしまっているのか、あるいは、非常に鈍感で、物事を、しっかり見ていない人です。あるいは、誰かに養育をまかせていた人です。

今、私たちが生きているこの世は、汚れや苦しみに満ち満ちています。

このような社会の中で、自分は、いったい何を大切にしているのか、根源的な問いかけを、常に迫られているのが、子育ての日々なのです。

何を「基準」に、何を「拠り所」にして育児をするべきか、お母さま方に示したいと思い、私は、この書を記したのです。

この書は、六つの章に分けられています。

それぞれは、「自閉」「学習困難」「低学力」「低意欲」「思考放棄」「反省放棄」についての詳述です。

健全に育った青少年は、本来、明るく、生き生きとした前向きな人生を、希望に満ちて歩み出すものです。

しかしながら、そのように生きることができない子どもたちが、大量に生まれているのが、現在、二十一世紀に入った日本の現状です。

いったい、その原因は何なのか。どこに原因があるのか。私たちは、何をするべきか。これから、どうしたらよいのか。

このような疑問を抱いている人は、少なくない筈です。

人間は、文化を継承することによって、この地上に生き永らえて来たのです。文化を継承するためには、今まで、人間が築いて来た科学や芸術を学ばなければなりません。

「学習能力」に欠陥を持つ子供たちが、多ければ、多いほど、文化の継承は、難しくなるのではないでしょうか。

この由々しき問題に、私たちは、全力を持って取り組まなければならない時期が来ているのです。

私の人生の結実とも言えるこの書は、必ずや、その解決の道を示していると、私は思っています。

子育て中のお母さま方、教育現場に携わっている方々、識者の方々…。そして、日本の現状や将来に、危惧を抱いている全ての方々に、この書を読んで頂きたいと、祈り願う毎日です。

目次

第一章　自閉　9
一、赤ちゃんを眺めていた母親　10
二、ゲーセンママの子　19
三、研究一筋のCさんの子　26
四、キャリアウーマンだったDさんの子　35
五、母親から〝ケアという仕事〟をされていた子ども　39
六、「ヒト」が「人間」になるためのカギ　47

第二章　学習困難　59
一、「虫喰い学習児」の登場　60
二、外界をぼんやり見ていた子たち　69
三、思考の『回路』ができなかった！　76

四、薄い想いと軽い気持ちの子育て　80

第三章　低学力　89

一、「自我脆弱」のための低学力状態　90
二、「自分力」を鍛える（躾けられていないと算数ができない）　101
三、母と子の信頼関係（心のつながりが無いと躾けられない）　119
四、自我脆弱と自我の種が無い子の違い　140

第四章　低意欲　147

一、「自我萎縮」のための低意欲状態　148
二、「陶酔的愛情」―過保護―　164
三、「執着的愛情」―過干渉―　171

第五章　思考放棄　179
一、「我が子」の内に形成される「見知らぬもの」　180
二、「あきらめグセ」と低学力　184
三、「あきらめグセ」と低意欲　194
四、「あきらめグセ」と逃避　203
五、隠された人間不信　212
第六章　反省放棄　219
一、弱肉強食の檻の中の勝者　220
二、オタク「自分的世界」　223
三、ストーカーの末路　233
四、勝ちグセと他者破壊　238

第一章

自閉

一、赤ちゃんを眺めていた母親

私のやっている学習塾の方針は「比べない」「競争しない」というものである。〝自らを磨くための勉強〟ということが、子どもたちに浸透するようにしているのだ。

そのために、たいへん低学力のお子さんが来ることも少なくない。そのような、難しい子供もよくみてくれるという評判が回り回ってか、いわゆる「自閉」と言われる子のお母さん方からも、相談を受けることがあった。

どんなにささやかな事でも、力になれたらという気持ちから、「自閉」のお子さんと、そのお母さま方と、係わりが深かった時期があり、その時の体験を、この章において、詳述したい。

「自閉」の場合、他のお子さんの学習時間と一緒にするのは無理である。そのため、お母さまとお子さんの二人だけのために特別な時間を設けた。

Aちゃん（男児四才八ヵ月）が、お母さんに連れられて来た時、顔形や姿は可愛かったが、部屋の中をうろつきまわって、ジグソーパズルの額を落としたり、果物皿の造り物の果物を床にばらまいたりする子であった。

言葉は、「アー！」とか「キーッ」というような奇声を発するだけで、いつも〝にこにこ〟していたが、それは、意味のある笑いではなく、ただの「にこにこ顔の仮面」のような感じがしたのである。

お子さんはAちゃん一人で、母親は専業主婦だという。

そのお母さんは、どんな人だったかと言うと、言わば、〝書き割り〟—ベニヤ板に描いた絵—から、抜け出て来たような、何か実体感の薄い感じの人だった。

身ぎれいにしており、普通に話をしたり、笑ったりするのだが、何か、生活感が薄いというか、実体感の無い人なのだ。

お母さん自身が、Aちゃんが普通の子と〝違う〟と思ったのは、三才近くになっても、言葉を発しなかった事と、自分がしっかりと手を押さえていないと、うろうろと、すぐにいなくなったりした為だったということである。

子どもが〝おかしい〟と分かってから、Aさんは、自閉傾向児の集まり—治療プロジェクト—に参加するようになったという。

そのプロジェクト（公的なもの）では、お母さんと子どもが、一緒に遊戯のようなものをしたりしていたということだった。

「そこに行くようになってから、随分と良くなったんです。それで、もっと良くなるかもしれないかと思って、こちらに来てみました」とAさんは言っていた。

と、すると、私の出会った時は、以前より、多少、母親らしくなっており、また、Aちゃんも以前より、落ち着いているということになる。

私のやっていることの、まず、初めは、お母さんが、どんな母親であるかを観察する事である。

子どもを遊ばせたりしながら、お母さんの子どもへの対し方を見ていると、言葉をかけることをしないし、子どもを見ているだけで、係わり方が弱く、薄いのだ。

そこで、私は、乳児期には、ただミルクを飲ませたり、オムツを替えたりしただけで、子どもを抱いてあやしたりすることが少なかったのではなかったかと、お母さんに問うと、「おとなしい子なので、余りそういうことをしなかった」と言う。

「Aちゃんを抱いたり、あやしたりするよりも、Aちゃんを、ただ、眺めていたのではないのですか」と聞くと、

「そうかもしれない。そう言われれば、眺めていたと思います」と、Aちゃんのお母さんは、正直に自分を振り返っていた。

普通の母親は、赤ちゃんが笑えば、嬉しくなったり、むずかればあやしたりして、そこで、赤ちゃんと母親とは〝共感〟し合っているのである。

ところがAちゃんの母親は、Aちゃんの見せる様々な可愛らしさや成長の度合いに、喜びを感じたり満足したりすることが薄く、食べさせたり、衣服をきれいにすることはやっていても、遊んであげたり、あやしたり、話しかけたりしなかったのだ、

そのため、Aちゃんとお母さんには心のつながりが弱く、Aちゃんは、見かけは可愛いが、内面は人間らしさの少ない子どもに育ってしまったのだと私は考えた。

そこで、私のやった事は、Aちゃんを抱いたり、話しかけたりすることであった。いやがると離して、好きにやらせてあげ、折をみては、「おりんご好き？」と、りんごを手に持って聞いたりするのである。

私は、このような傾向の子は、初めは、必ず抱きしめつづけるようにしていた。

それから、ブロックなどで遊んであげるのである。Aちゃんは、ブロックによって形を創ったりはできないし、積み上げたりすることもできなかった。小さい時に〝おかしい〟と周囲が気付く子は、遊びらしい遊びをできるようにしてゆくことが難しいのである。しかし、話しかけたり、色々に関わることにより、いくらかの交流は育まれるのだ。

そのようなことをしている中で、母親も、子どもがいつもより落ち着いてくることを感じて、家でも同じことをするし、また、日常の心構えが変わってくるのである。

何か飲み物をあげる時でも、『のどかわいた?』『○○飲みましょうね』などと、必ず話しかけるように、そして、買い物などに行く時も、『お出かけしましょうね』など、自分の行動や、想いを伝えるように、お母さんに教えた。

そのようにしていると、子どもも、お母さんの言葉に反応するようになるので、お母さんも、「この頃、はじめて、育児が楽しいと思えるようになりました。」と、私に告げるのであった。

そして、その様に、お母さんの気持ちが変化し、抱っこしたり、話しかけたりするうちに、Aちゃんは、以前より聞き分けが良くなり、突然駆け出すようなことは少なくなった。

「買い物に連れて行くのが楽になりました」。

「電車に乗せて、出かけられるようになりました」。

と、私に喜んで報告する内容が多くなっていったのである、

「ネグレクト」という言葉があるが、それは、心にひっかかりがあっても、「うざったい」「めんどっちい」と、赤ちゃんを無視することではないかと思う、しかし、Aち

ゃんのお母さんは、Aちゃんを無視していたのではないのだ。

赤ちゃんのお腹をいっぱいにしたり、清潔に保ったりするのは、かつては、母親には一大事だったのが、今は、たいへん簡単に手に入れられるようになっている。そのため、育児や生活全般に対する想念が、希薄になっていることも、影響しているのだろう。

右のような、社会全般の傾向に加え、Aちゃんのお母さんは、その上、情緒性の薄い人だった。

赤ちゃんを授かったことや、母になったことに深い歓びや満足感を覚えることは無く、また、育児中にも、赤ちゃんを「可愛い」と、心の底から感じることが無かったのだ。あたかも、客観的な「在るもの」として、我が子を眺めていたのである。

しかしながら、次第に、我が子への愛情が心の中に芽生えてきたことにより、Aさんは、以前とは、少し違う感じの人になってきた。

いかにも、「きれいな人形」のような人が、いくらか実体感がある人になっていったのだ。

すると、Aちゃんは、いよいよ落ち着いて、聞き分けが良くなり、グチャグチャ書きだが、絵も描くようになれた。

でも、数えるとか、物の名を覚える――言う――とかは、出来るようにならなかった。

就学年齢になって特別な学級の先生が、よく面倒をみてくれることもあって、やがて、Aさん親子とは、会うことも少なくなっていったのである。

後日、私は、スーパーで買い物中に、Aちゃんとお母さんに何回か会ったが、いつも、彼女のかごの中には出来あいのお惣菜のみが入っていたのに、気が付いた。

Aちゃんのお母さんは、家事の中で、特に〝料理〟は全くしない人なのではないかと思われた。

彼女のカゴの中は、常に肉、魚、野菜、調味料等は皆無であった。お惣菜中心の人でも、トマト位は買って食べるのではないかと思われるが、トマトや果物も入っていなかった。それが、一、二回だけではないのだ。彼女の家の近くに出来たスーパーマーケットなので、度々、会っているのだ。その全ての時に、出来あいの総菜のみを買っていたのである。

考えてみると、母親は、子どもに、少しでもおいしいものや身体に良いものを食べさせたいと思うものであり、そのために、少し位、面倒くさく思う時や、身体の調子の悪い時でも、食事の用意をがんばるのだ。

自分が時間をかけて一生懸命に作ったものなら、一口でも食べてほしいし、子どもの口に運ぶ一匙（さじ）、一匙に、そういう想いがこもるのではないだろうか。また、自分が努力して作ったものを、喜んで食べてくれたなら、苦労が報われて嬉しくなるのが、普通の人ではないだろうか。

それが、お金を出して買ってきたものを、ただ並べることには、何の想いも、こもらないのではないかと思う。

それは、ほとんど〝エサ〟に変わりは無いと言えるのではないだろうか。

家事（特に料理）をちゃんとやる主婦の苦労は、たいへんなものである。食事の用意は、買い物から始まって、野菜を洗ったり、下ごしらえをしたりしなければならない。疲れている時は、ほんとうに辛く感じる時もある。しかし、疲れて帰ってくる夫や、お腹をすかしている子どもたちのことを思うと、重い腰を上げてがんばるのである。

お惣菜を買ったり、外で食事をするのを、たまに、やむを得ずするのは仕方がないかもしれない。また、主婦が病気の時などは、助かることである。しかし、〝料理をしない〟ことが、日常になるなら――しかもそれが、専業主婦と言われる人や、それに近い、働く時間が短くて、大部分が夫の収入で暮らしている人なら――これを人間の退廃と言わなければ、なんと言えばよいであろうか。

専業主婦であるにもかかわらず、Aちゃんのお母さんが、お惣菜ばかり買って料理をしない人だから、Aちゃんの発達に支障をきたしたのだと、短絡的に言うつもりはないが、そのような生活というものに想いを深くこめない傾向と、Aちゃんの発達とは関連が無いと断言することもできないのではないか、と私は思っている。

二、ゲーセンママの子

Aちゃんの事例は、お母さんの情緒性の欠如や、生活感覚の欠陥が、Aちゃんの発達障害の原因と思われたが、少し、パターンは違うが、〝普通でない〟お母さんによるこんな例がある。

B太くんのお母さんは、子どもを産んでも、それまでの勝手気ままな暮らしがやめられず、赤ちゃんのB太くんをバギーに乗せたままにしてゲームセンターに入り浸ったり、パチンコ屋に連れて行って遊んでいたということである。しかし、歩き出すと、他の人にも迷惑をかけるので、文句を言われるようになり、パチンコ屋は無理になって、外に出かけにくくなったという。その頃に、二人目の女の子を産み、B太くんについて、周りもいろいろ言うので、〝治療〟を考えざるをえなくなり、公的な治療グループに参加するようになったということである。

B太くんは、五才になっていた。体格も良く身体は大きい方である。お母さんの話では、〝食べさせていればおとなしかった〟という。

B太くんの行動は「アーアー」と言いながら部屋を無目的にぐるぐる回るだけで、およそ生後十ヶ月位の子どもの行動のようだった。（生後十ヵ月では、歩ける子は少なく、歩きの面では、B太くんは十ヵ月位ではないが、全体の這いずり回って動き回っているような感じが、十ヶ月位の感じがしたのである）。

B太くんは、話しかけに反応するどころか、私が身体に触れると、手で払いのけた。お母さんの話では、「人に身体を触れられるのがいや」ということで、Bさん自身、「私はベタベタするのが嫌いで」と言っていた。

赤ちゃんの時でさえ、Bさんは、B太くんをなるべく抱かないようにしていたのだ。産まれたばかりの時は、少しは気にかけて育てていたらしいが、やがて、二、三ヶ月位になると、ベッドの中のB太くんにミルクびんを渡すだけだったという。B太くんは、一人でごくごく飲み、身体をちょっと動かすと、簡単に自分でゲップを出していたという話であった。ミルクを与えてくれたのは母親だが、B太くんは一人でミルクを飲み、一人でゲップを出し、一人でつかまり立ちをし、一人で歩きだしたのだ。

その横で、母親は、タバコを吸い、テレビを見ていたのである。

B太くんの場合は、人に触れられることも、話しかけられることも、拒否というか、無関心というか、避けるというか、全く、かかわることをしなかったので、私には、手の施しようが無かった。

Bさんは、B太くんが、そういう子に育っていることと、自分の生き方とは、関係が深いとは思っていなかったようである。

自分に関係があるのではなく、専門家に脳の酵素の異常だと言われているので、B太くん自身の欠陥と決めていた。だから、私のところには〝特効薬〟があるわけではないと分ると、足も遠のいたのであった。


Bさんに出会ってから、二、三年たった頃、私は用事があって出かけた時に、やむを得ずパチンコ店に駐車し、そこのトイレを拝借したことがある。

地方の大きなパチンコ店である。

耳をつんざくような音と、タバコの煙の、もうもうとした中に、驚いたことに、その女性トイレの前の空間には、三才前後の幼児が、数人ウロウロしていた。そして傍らには、その母親とおぼしき若い女性が数人、タバコを吸いながら談笑していたのだ。中には、赤ちゃんをおんぶしている女性もいた。

乳・幼児期といえば、心ある母親なら、風邪をひかせることを恐れて、人ごみに連れてゆくことさえ躊躇するのではないだろうか。

また、タバコを吸う夫に対し、換気扇の下で吸うことや、ベランダに出て吸うように頼むのではないかと思う。

それを、聴覚を狂わすような大音響に、わが子を平然とさらし、さらに、もうもうたるタバコの煙を吸わせているのだ。

私はびっくりしたが、その時、私はB太くん親子のことを思い出した。B太くんはこんな環境の中で、成長したのだと思った。B太くんのお母さんは、人間として「自分を大切にする」「他人を大切にする」ということが、心の基本にない人なのである。そのような人が、まともな子育てが出来ないのは当たり前である。

なぜなら、自分を大切にできないと、簡単に開き直り、自分にもウソをついて平然とし、もとより、真実、他者を愛することができないのである。

生まれ落ちた赤ちゃんは、丸はだかで、自ら立つことも、お乳にしがみつくことさえ出来ない。暑さ、寒さから守り、誰かが抱きかかえ、お乳を飲ませてくれなければ、すぐに死んでしまう。

しかも、「人」となるためには、言葉を持たなければならない。その「言葉」は愛情なしに与えられたり、育まれたりすることは出来ないのだ。

「愛情」をかけられなければ「人間」になれないのが、人間の宿命なのである。

パチンコ店の大音響と、もうもうたる煙草の煙には、本当にびっくりしてしまったが、いくらパチンコがやりたくなっても、乳幼児を連れてまで行くということは、まことに、母性の欠けた行いだと思うのである。

以前、テレビ番組で、〝行方不明追跡特集〟をやっていたのを見たことがあるが、そこに出て来たある母親は、パチンコ店に、子連れで夫婦で出かけたのだという。そして自分たちがパチンコをしている間に、四才の女児が何者かに連れ去られて十年経っているということである。

その母親は、「いつも○○ちゃんのことを思っている」と、涙を流していたが、その口から、「あんなところに連れて行きさえしなければ。自分が間違っていた」という言葉は出て来なかった。黙って連れ去る人の罪は言うまでもないが、この母親は、同情に値するであろうか。

四才と言えば、多少の聞き分けは良くて、おとなしく座っていることができる。

しかし、あのような煙草の副流煙や、すさまじい大音響を考えると、子供の健康への害は、いかばかりかと思われる。それに、夫婦でパチンコをやっている間に、子供が連れ去られるのは、いかにも起こりそうな事ではないか。

子どもの身心の健康を考えると、心ある人なら、あのような所に子どもを連れていかない。

連れ去られた女児は、いかにも可哀そうだが、その事件の原因は、子どもをそのような所に連れて行き、一人にしておいたという親の行為に在ると、言えるのではないかと思う。

同じようなケースで、四才の男の子が一人でゲームセンターに行き、そこで中学生の男児に連れ去られてビルの屋上から突き落とされた事件があった。

ゲームセンターの近くに、親子で出かけ（買物？）子どもを一人でゲームセンターに行かせたというが、そのようなところに、四才の子どもを一人で行かせるという親の感覚が理解しがたい。

四才位の子に、ゲームにお金を使って遊ぶことを覚えさせるのは、その子の将来の金銭感覚を危うくさせることである。しかも、四才位であれば、目を離せば、普通の遊具でも、ケガをすることもあり得る年令ではないだろうか。そのような年令の子を、たとえ〝しっかりした子〟であっても、ゲームセンターに一人で行かせるという親の感覚は、普通ではないと思われる。

このような報道をテレビ等で見るにつけ、「子どもを危険な状態にしておいた親の責任は問わなくてよいのか」等と言う人が見当たらないのが、不思議に思われる。

たしかに、子どもを失ったご両親は気の毒である。しかし、犯罪者や変質者につけ入られるスキがあったということも事実なのだ。

このような事件の被害者の子どもたちは、「保護者」が、「保護者」たり得なかったために、行方不明になったり、命を落としてしまったのである。

三、研究一筋のCさんの子

B太くんのお母さんのような人は、それほど多くはないであろうが、トップクラスの教育を受けた人について、こんな例がある。

C太郎君（小三）のお母さんは、誰でもが知っている有名大学の理学部を出て、研究所に勤めていた。夫は、同じ研究室の同僚で、結婚前からの約束で、夫の両親と同居していたということである。

長男のC太郎君を産んで、育児休暇をとると、今までもさして折り合いが良くなかったにしても、一緒にいることがほとんど無かった姑と、Cさんは、いつも一緒に居ざるを得なくなったという。

Cさんは、もともと、家事は苦手であり、かつ、好きではなかった。

しかも、育児休暇で家庭に入ると、姑は彼女のやることなすこと、一つ一つに何か言うのでCさんは、心の休まる時がなくなってしまったのである。

俗に、〝箸の上げ下ろしにうるさい〟と言うが、野菜の切り方一つにしても、注文（文句？）をつけられ、赤ちゃんの世話にしても、うるさく言われるので、Cさんは、いつも、いつもお姑さんの目が気になるようになったということである。

そのため、いつも、「お姑さんの言う通りにしないと…お姑さんに文句を言われる」という、そんな想念に、心がいっぱいであったということである。

研究所に復帰するためにも、姑と仲たがいするわけにはいかないので、いつも、姑に気に入られるように気を使い続けていたという。

その上、Cさんは、自分が研究し続けていたことが、今、どんな風になっているのか、そのことが気になって、気になって仕方がなかったという――。そして、姑がいなくなると、研究ノートを広げていたという。

C太郎君は夜泣きもなく、お腹をこわすこともなく、手のかからない子であったという。

育児休暇が終わるとC太郎君を保育所に預け、姑に迎えに行ってもらうことで、Cさんは、何とか職場復帰することが出来た。

しかし、一才を過ぎると、少しずつC太郎君が、〝おかしい〟のではないかと感じられたという。

無意味な動きが多く、物をテーブルからはらい落としたりする時に、手をおさえて叱るが、母親とは目を合わせない。顔も見ない。躾を受けつけないし、言葉も、アーアーというような音声のみである。

C太郎くんの行っていた保育所は、大勢の子を〝放し飼い〟にしているようなところだったので、この頃には、保母さんに、とりたてて困ると言われていたわけではなかったと言う。

この保育所は三歳児になると乳児室を卒業し、いわば、カリキュラムのあるクラスに入ることになっていた。

このクラスに入る年令の子は、ある程度の決まり事を受けつけるので、自由遊びの時間が多いにしても、昼食の時間には、皆がきちんと座り、配られたものをそれぞれが食べるとか、昼食後は集まって（集められて）紙芝居を見せられたりするのであった。

しかしC太郎君は、きちんと座ることが出来ないのはもとより、気が向く時以外は、食事も摂らなかったという。保母さんの言うことは、一切、馬耳東風であり、いかなる集団行動も出来なかったという。

その後はどのようにしていたのか、詳しく聞かなかったのが残念だが、私のところに来た時に、C太郎君は小学校の特別なクラスに所属しており、Cさんは研究所にパート的に勤務していた。

私が、C太郎君を座らせ、絵本を見せると、彼は、ページを次々にめくり、絵をじっと見たりはしなかったが、私が背中をなぜると、じっとしていた。また、ある時、私が床に座っているC太郎君をやさしくなぜたり、話しかけたりしていると、眠りこんだことがあった。

三十分以上、ぐっすり寝ている時にお母さんが迎えに来て、びっくりしたことがあった。今まで、決して、よそで眠ったことはなかったということである。

私は、自閉の原因は、乳児期に、母親が子供に心を向けることが少なかったために情緒性に欠陥を持ったためではないかと考えていた。そのため、このような子は、必ず、ひざに抱きあげて、やさしい言葉をかけていた。

抱かれることをいやがる子は、背をなぜたり、ともかく肌にふれ、愛情を伝えるようにしていた。すると、私に抱かれると、少し大きい子でも、幼児のように眠ってしまったり、じっとしているようになるのである。

C太郎君には、激しい自慰行為があった、私の預かる週に一回の二時間の間にも、何回もそのような行為があったが、やがて、だんだん回数が減り、数ヶ月後には、全く無くなった。Cさんの話では、家でもだんだん少なくなったということであり、数ヶ月後には、「家でも全く無くなりました。」ということを聞いた。

自慰は、「自らを慰める」ということであるから、「他から慰められている」なら、自らを慰める必要はないのである。

このような子どもの一日に何十回も行うような自慰行為は、肉体の成熟と共に行われるところの、性的欲求に基くものとは質が違うと思われる。

C太郎君のみならず、他にも、自慰行為のあった男児も、抱いたり、なぜたり、眠る時に手を握り、やさしく背をなぜたりすることによって、この行為が無くなったのである。

私のところで落ち着くことにより、お母さん方も、家で、私と同じ様なことをしてくれた効果なのだ。

C太郎君が落ち着いてきたことで、Cさんの一家は、初めて、家族でレストランに行けたという報告も受けた。いわば、〝ききわけ〟が良くなったのである。

また、他に迷惑をかけないで食事が出来るようになったため、家族旅行にも、初めて出かけられるようになったと、Cさんは、たいへんよろこんで私に報告してきた。

ところが、その頃、Cさんが、出産後はパート的な係わり方にしていた研究所から、ぜひ、本格的に復帰して来ないかという打診があったという話だった。

私は、C太郎君がここまで落ち着いたのは、お母さんの努力のためなのだから、職場に全面復帰するのは反対であると言った。

四才下の弟のためにも、職場への復帰はあきらめ、むしろ、家庭に入った方が良いこと、家族生活の幸せを築いて行くことに価値を置くように、勧めた。

「お母さんがそばにいて、いろいろ面倒をみたり、躾けたりすれば、自分で考えて何かを作ったりは出来ないにしても、やがて、レンガを敷いたり、野菜や花を作ったりできるようになるかもしれません」。

「しかし、それも、自分で、〝どのような野菜の苗を、何時、何処に植えるか〟というようには、出来ないと思います。ただ、草をとったり、葉につく虫をとったり、教えられたこと、やるように言われたことは、出来るようになるかもしれません」。

「最善で、そのような形になれるかなれないかという瀬戸際と、私は思っています」。

「ものすごい努力をし、社会的な活動を捨て、C太郎君を育てることに専念しても、C太郎君が社会的に自立できるようになるとは思えません」。

「そのような形でも、C太郎君が落ち着いて、心静かに暮らせることに、お母さんやお家の方が満足できるかどうかということです」。

というような話をした。

しかし、Cさんは、

「最近一人で家に帰れるようになったし」

「下の子も、もう来年は学校だし」

と、結局、職場に全面復帰してしまったのである。

C太郎君のお母さんの、捨て身の努力があってからこそ、C太郎君が落ち着いて来たのである。

そのお母さんの〝捨て身〟が無ければ、私が、週に何時間か預かったとしても、どんどん良い方向にゆけるという自信は、私には無い。

私のしている事は、お母さんに、その人自身が気付かなかったことや、知らないためにやらないで来たことや、知らないためにやってしまったこと等を気付かせてあげる事である。週一回預かっている二時間の間に、私が実践する。その結果、子どもが非常に落ち着く。（C太郎君の場合は、自慰行為が無くなる。聞き分けが良くなり、人と行動を共に出来るようになる。等である）。

そのようなことを通して、お母さん方に、毎日を、どのように暮らしたら良いのか教えたりするだけである。主体は「母子」であり、母親の在り方で子どもがおかしくなるのだから、母親が〝変わる〟他に「道」は無いと、私は考えている。

そのため、私は、「このままC太郎君を預かっても、算数・数学などをやれるようになることは無いと思います。私のところは有料ですからお預かりするのは、いったん止めたいと思います」と、Cさんに伝えた。

冷たいようだが、たとえびっくりされる低料金であっても〝有料〟ではある、だから、自分はこれ以上のことは出来ないと分かっていて、来てもらい続けるわけにはいかない。

〝無料〟にすれば、結果が出なくても、気は軽いかもしれないが、「ボランティアです」とか「無料でやります」というのは、良いことのようでも、難しい側面もある。

〝無料〟だと、預ける側に、気の緩みがあるというか、軽い気持ちで来ることがあるのだ。低額でも、「お金を払ってでも選んで来る」ということが大切なのだと思う。

このようなことから、お母さんが「自分を変えない」「可愛そうな我が子のために、自分の人生と時間を捧げようとしない」ならば、〝お返しする〟しかないのである。

主体は「母」と「子」であり、私は、副次的な存在にすぎないからだ。

右に述べたようなことで、Cさん母子とは交流が無くなってから、一、二年過ぎた頃のことである。

私のところに連れて来られた時と、全く同じような状態のC太郎君と、その手を必死に引っ張っているお母さんとを、街で見かけたことがあった。

母親が、愛情をかけ、優しくすることによってC太郎君の心に芽生えた〝人間らしさの芽生え〟は、結局、その母親が、子どもの幸せよりも自分の人生を選ぶことによって、摘み取られてしまったのである。

四、キャリアウーマンだったDさんの子

Dさんも、研究所にいたCさんと同じように、高学歴の、元キャリアウーマンである。夫の仕事の時間が不規則なためと、子どもを産むために、第一子を出産する前に退職し、専業主婦になったという。

一人目の長男は、心臓に障害を持っていたため、生後まもなく手術入院をしたり、たいへん苦労をしたそうである。

そんな中に、次男のD介ちゃんを出産したのは、長男の一才八ケ月の時だったという。長男は、手術後の経過は良かったが、とても神経質な子だったために、Dさんは、いつも、いつも、長男のことばかり気にしていたということだった。

Dさんが、次男のD介くんが〝おかしい〟と、初めて思ったのは、三才児検診に連れて行こうとした時だという。

D介ちゃんは、横断歩道橋の下で、階段を見上げて大声で泣き、歩道橋の階段を何としても登ろうとしなかったのだ。

その時、Dさんは、子どもが「異常だ」と思い、そういえば…と思い当たることを、いくつか想い起こしたという。

そして、その時に、Dさんは自分はD介ちゃんと手をつないで歩くのが、初めてだということに気が付いたのだ。

Dさんの話では、長男は神経質で手がかかったが、D介ちゃんは、とてもおとなしくて、少しも手がかからなかったということである。

そのため、Dさんの心は、いつも長男の方に向いていて、D介ちゃんの、「僕を見て！僕をかまって！」という控え目な表現に気が付かなかったのではないだろうかと、私は考えた。それをDさんに伝えると、彼女は、いろいろ、思い出して話してくれたのである。

「私は、ポンポンと、感情のこもらない話し方をする人だと、友達に言われたことがある」。

「年の離れた兄が一人いるだけで、両親にとても可愛がられていた」。

「良い子でいなければ、良い成績をとらなければならないと、苦しかったことがある」。

「仕事をやめて家庭に入ったのは、何だか突っ張っているのが苦しくなったからかもしれない」。

「長男が障害があったので、母親として、この子をちゃんと育てなければと、いつも、そのことばかり考えていた」。

「D介ちゃんが楽な子で、助かったと思うだけで、D介ちゃんを抱いたりすることは、本当になかったと思う」。

「上の子のこともあって、D介ちゃんとはぜんぜん遊んであげたりしなかった」。

「おもちゃも服も、皆、上の子のお下がりで、間に合わせた」。

「歩き出しても、外に散歩に連れていったことがなかった」。

「公園に遊びに連れていったこともなかった」。

このように、Dさんは、次々と、自分のD介くんの育児を思い出し、おとなしく、楽なD介ちゃんは、長男の〝カゲ〟に隠れた存在となっていたことに、気付いたのである。

Dさんは、私のところに来る前に、D介ちゃんを、いろいろなところに連れて行き、治療をしようとしたということである。

その結果、小学二年生のD介ちゃんは、かろうじて普通学級に入れてもらえていたが、授業中におとなしく座っていられたけれど、授業の内容の理解や参加はできていなかったという。

私とのふれあいにおいても、多少の話はするが、〝会話〟は成立せず、訳の分らない独白のようなものを、断片的に話すだけであった。

また、簡単な足し算は出来たが、それは、数字の並び方と答えとの関係を〝覚えている〟だけで、「数」の仕組みを〝理解している〟という感じはしなかった。

いろいろ試みてみたが、学習上には、はっきりと、〝進歩〟と言えるものは無かったのである。

しかしながら、こういうことは言えると私は思った。

母親が、三才児で〝おかしい〟と気付いてから、様々、努力したことは、結果としてD介くんを、〝かまっている〟ことになり、D介くんは、弱いながらも、母との心のつながりを作れたのではないかと思う。

だから。「ここに坐っていなければいけない」とか、「今は、これをやらなければいけない」というような、心の動きが生まれていたと思われるのだ。

Dさんは、ことの重要性が分らずに、次男のD介くんを〝無視〟してしまっていた。

しかし、そういう自分に気付くと、なんとかしようと、努力し続けていたのである。

それ故に、D介くんは、職業についたり、何かを生産したりするようには成れないにしても、人間社会の「ワク」の中に、何とか納まっていられるようになったのである。

五、母親から〝ケアという仕事〟をされていた子ども

どんな職業にしても、決められた役割をこなすだけの人もいれば、その仕事に愛情をこめたり、自分の工夫を盛り込んだりする人もいる。一概に、プロは、心のこもらない仕事をすると言うことはできない。

しかし、私は、〝ケアという仕事〟を受けていたために、正常な発達が滞ってしまった子どもたちを知っている。

その一例として、Eちゃんの場合について述べてゆきたい。

Eちゃん（男児）は、二才未満であったが、Eちゃんのお母さんは、看護師としての職業上の知識もあったため、自分の子供が普通の発達をしていないということを、いち早く見抜いていた。

Eちゃんには次のような様子が見られた。

「こちらの話しかけに応えることをしない」。

「話かけられても笑わない」。

「おもちゃなどを手にとることはあっても、さして関心を持たず、すぐ放り出す」。

「じっと抱かれるのをいやがる」。

「抱いて話しかけても無表情でそっぽを向く」。

Eちゃんのお母さんが、一才位のEちゃんを〝おかしい〟と見抜いていたのは、このような様子が見られたせいである。

お母さんは、転居によって、一才前後で保育園を替えたのが、良くなかったのではないかと言っていた。

いろいろ、話を聞いたり、母子の様子を見ていると、お母さんはEちゃんを大切にしていないわけではなかった。

しかし、私の観察したところによると、Eちゃんのお母さんは、オムツを替える時や飲み物を与えるときに、テキパキとしているが、何か事務的に見えるのであった。

手際良くおむつを替えたり、時間を見計らって飲物を与えたりしていたが、そこには心のこもっている感じがないのである。そして、やさしく話しかけることもなかった。

例えば、コーヒーショップなどで、飲み物が運ばれてくる時やテーブルの上に置かれる時、先方に客をもてなす心づかいがあれば、こちらにもそれを感じ取れるし、反対に事務的に心のこもらない置き方をされると、殺伐とした気持ちになるのではないだろうか。

乳幼児には、生活は初めての体験の連続である。常に事務的に接せられると、自分も、無機質な心で見るようになるのである。

そのお母さんは、彼女なりに一生懸命、子どもの世話をしているのだ。しかし、彼女は、身体の清潔、適切な飲食などの〝ケア〟をしているのである。

病院などでも、心のこもった対応をしてくれる看護師もいれば、決まったことをサッサとやるだけで、患者の気持ちに心を向けない看護師もいる。

患者は、大部分の人は成人だったり、子どもでも自分なりに心の処理ができる年令だったり、幼ければ保護者がいて慰めたりするので、医師や看護師から〝物体扱い〟をされても、そのために、自分が〝物体化してしまう〟ことはない。気分を損ねたりすることはあるにしても——。

しかし、乳児は〝物体扱い〟をされれば、〝物体〟として成長する他はないのである。

私は、私の気付いた、このような内容を彼女に伝えた。

しかし、彼女は「〇〇さんはこう言いました。」「〇〇さんから、こう言われています。」と、あくまでも、肉体上欠陥があるという専門家の意見をとり、我が子が〃おかしい〃のは自分の、我が子へのふれあい方が原因だということは認めなかった。

「脳の酵素に問題があると言ってました」と、いう話である。

何か肉体や、心に変化があれば、脳やらの酵素だって、多少の変化があるのは当然である。興奮したり、びっくりしたりするからドキドキするのである。ドキドキするから興奮するのではない。そして、ドキドキすると血流も変わるだろうし、心臓や、脳に変化が出てくるのだろうと思われる。

犬の例をとる。私の飼っている犬は大型犬で、通常はゆったりとしているが、たいへん雷を怖がる。心臓はバクバクと、止まるのではないかと思う位に怖がる。犬は、雷が鳴りそうだという天気予報は知らない。又、心臓がバクバクしてから怖がるのではない。雷が鳴ると、それを聞いて、怖くなり、心臓がバクバクするのである。そうなれば、肉体にも、当然、変化が表れるだろう。

脳の、ある種の酵素も、増えたり、減ったりすることもあるだろう。

脳の酵素の変化で、心臓がバクバクし、そのために、雷が怖くなるわけがないのは、誰にでも否定のできないことと思うが。

「怖い」という気持ち→肉体の変化という道筋であるのは自明である。

しかし、このお母さんは、「自分はちゃんとした母親」という考えを変えなかった。我が子がおかしくなった原因を、「外へ」「外へ」求めるのである。

もともと、「固い性格」で、「真面目」な人と見受けられた。真面目に勉強をして資格をとり、この世で生きる場所を持っていたし、家庭生活の雑事も、真面目にこなしているようであった。

しかし、我が子への感覚的、本能的な関わり方が、非常に弱いのである。そして、それを指摘されても、分からないのだった。

「固い性格」とは、柔軟に他をとりこんで自分を変えたりできない性格と言えよう。「これがいい」「これでいい」と、いったん信じると、そこに留まるのである。変化を受けつけない。

しかし、子育てというのは、自分を変える日々の積み重ねの上に成り立つのである。子どもを産み育てることにより、自分を変え、自分を成長させてゆくのだ。それをもたらすのは、ひとえに「我が子への捨て身の愛情」に他ならない。

「子どもがおかしい」と気付いたなら、「どうしてこうなったんだろう」、「どうしたらいいだろう」と、深く悩むべきなのだ。深く悩むと、ハッと気付くことがあったりする。あるいは、こうしたり、ああしたりと、いろいろ試行錯誤しているうちに、良い道筋が開けてくることもあるのだ。

それを、自分の知識、価値にしがみつき、自分に都合の良い意見のみを取り入れるなら、そこには、進歩も改変もなくなってしまう。

このEちゃんの場合は、このような、お母さんの「自分には落ち度は無い」というような〝間違った自信〟により、私との係わりは、ほどなく断たれた。

Eちゃんは、一才数ヶ月と、早い時期におかしさを発見された子であったため、とても残念に思っている。完全ではなくても、かなり取り戻せた可能性があったからである。早ければ、早いほど、「取り戻さなければならない時間」が短いため、成果が上がるのだ。

しかし、何を選ぶかは、その「母親」である。その選びは、本人のものなので、私にはどうにもならない。

自閉と言われるお子さんたちのお母さま方と、私とは、最終的には〝対立〟が生じ、ほとんどの方が私から離れていった。

私は、「あなたに問題がある」と指摘し、「自分を変えるように」言う。たいていの方は、〝ワラにもすがる〟気持ちで来るし、私の言うことの内容に思い当たることもあるので、はじめのうちは努力してくれる。そして、子供の状態は良くなる。

しかし、そのような蜜月は長く続かない。結局は、〝自分を変えること〟を、生きれないのだ。そして、〝脳の酵素が…と言われてます〟という、「専門家の意見」を選んで、私から離れてゆくのである。

中には、Bさんや、このEさんのように、はじめから、「自分に原因は無い」「専門家はこう言っている」と、私と係ることが深まらなかった方たちもいる。

「自閉」を、子どもの肉体上の欠陥にのみ原因があるとするなら、母親は救われるかもしれない。

〝自分が悪いんじゃない〟と思えるからだ。

そして〝自分が悪いんじゃない〟ということになると、自分の今までの生活の仕方や、心の在り方は反省しないでよいことになる。それは、言いかえると、開き直っていいということになる。

母親は、〝自分は悪いんじゃない〟と思い、開き直っても、世の中に通用するかもしれない。しかしそれでは、その子供はどうなるのか。その結果は、親が背負ってゆくのである。一生、背負ってゆかなければならないのが、社会人として、人間に定められているからだ。

自らに発し、しかし、自らを変えないために、厳しい結果を、自ら背負うのである。

そして、やがては、これらの社会生活を自立して営めない子どもたちを、社会全体が背負ってゆかなければならないのだ。社会全体の負荷になるのである。

一人の子を授かったなら、産み落としたなら、「なんとか普通に生きてゆける」くらいの人間に育ててゆかなければならない。それは、全ての母親に課せられているのだ、

それを、やれない人が、多量に出現しているのが、今日の日本の現状であることを感じさせられたケースである。

六、「ヒト」が「人間」になるためのカギ

私は、「自閉」と言われる子と、そのお母さま方との係わりを、ここで、いくつか述べて来た。

これらの例の共通項は何かと言うと、自閉の子供たちは、母から「愛情を込めた話しかけ」をされていなかったことである。

「愛情によって発せられる〝言葉〟を与えられること」が、人生の出発点にいる赤児にとって、「人間」に成りゆくために不可欠なことなのである。

母親自体が、もともと、情緒性が薄い人もいる。そのような人は、産んだ我が子が、「可愛い」と思えないので、細やかに話しかけないのだ。（Aさんの例）

また、普通の女性なのに、その時の、自分をとりまく状況が、我が子に心を向けられない状況のために、細やかな慈しみを向けることが出来なかった人もいる。（Cさんの例）

このCさんのような人は、「愛情を伝えること」、「愛情をもって話しかけること」

が、吾が子の成長に不可欠なものと分かっていれば、抱いたり、あやしたりする時間を、努力して持ったのではないかと思う。

そのような人のためにも、自分の見たり、聞いたり、考えたりしたことを伝えたいと思ったことが、この本を書こうとした動機の一つである。

では、次に赤児にとって、「言葉」が、人間社会に歩み入るカギになる理由についての考察を述べて行くことにする。

まず、第一に、「言葉」は、赤児にとって、内に蓄えられているものでなく、外の世界から〝与えられるもの〟であることに、注意を向ける必要がある。

その取り込み方は、さまざまな肉体感覚と同時に与えられることによって、成されるのだ。

テープレコーダなどによって、「言葉のみ」を聞かせることは無意味である。五感の体験感覚と同時に言葉が与えられることに意味があるのだ。

では次に、どのようにして言葉が赤児の内に取り込まれてゆくのか詳しく述べたい。

全て生命は、母親の胎内では、「飢える」ことの無いシステムによって育まれている。

しかし、ひとたび、生まれ落ちれば、そこには、生命の掟としての「飢え」が待ち構えている。

「ヒト」の子も、その掟から出発する。

「飢え」を満たしてくれる存在―母―こそ、安心と歓びを与えてくれる存在なのだ。

「飢える」→「満たされる」、「飢える」→「満たされる」というくり返しの中で、自分を守り育ててくれる存在への「想い」が産まれてくる。

「飢えを満たしてくれる存在」への依存心と信頼。その存在が近づいてくれること。触れてくれること。「声」をかけてくれること。それらは〃良きもの〃として、赤児の中に取り込まれるのだ。

自分にとって、「こころよい存在」と、認識されるのだ。

この時のケモノとヒトの違いは、「言葉」が同時に与えられることなのである。

生まれ落ちて、ほんの数日も経たない赤児も、ドアがバタンと閉まるような大きな音にはビクッとする。耳が聞こえているのである。

「この子は、耳が聞こえるわね」と、何人かの育児の経験のある人は言う。そして、初めて母になった人は、「そうか、良かった」と安心するのである。

聴覚は、生まれてすぐにも、発達しているのである。私の素人考えではあるが、「聴覚」と、「触覚―皮膚感覚」は、すでに、産まれる前から備わっているのか、生まれてから急激に発達するのか、どちらなのか分らないが、新生児は、「耳は聴こえる」のである。

そして「視る力」は、かなり、時間がかかるように思える。ものを見るための目の調節機能は、「筋肉」の働きだから、身体各部の筋肉の発達と共に、向上してゆくのではないだろうか。

生まれてすぐに、〝聞こえている〟ことは、ヒトが「人間」になるためのカギの扉である。

ケモノの母も、我が子を慈しむ。乳を与えるのはもちろんのこと、我が子をなめまわし清潔に保つ。

この部分において、ケモノとヒトとに、何の隔たりも無い。

唯一、違っている部分が、ヒトは、「言葉」と共に生きているところである。

人間は、授乳するとき、泣いている赤児の元に駆けつけ、「おお、よしよし」と抱き上げ、「おなかがすいたのね。ほら、おっぱいよ」と、乳首を（あるいは哺乳ビンの乳首）を含ませるのである。

そのような繰り返しの中で、赤児は、自らの肉体を出発点にして、「おなかがすくとは、「こういうこと」…と、五感を通しての肉体感覚と共に、「言葉」を、我ものとしてゆくのである。

さらに言及すると、言葉と共に与えられる〝快さ〟によって、「快いこと」「自分に良いこと」をしてくれる人に対する〝信頼〟が赤児の心の内に育まれてゆくのだ。

「心のつながり」の発生である。

養育者の側が〝話しかける〟のは、その赤児への〝関心〟や、〝愛情〟無しには行われない。

「可愛いから、抱いたり、あやしたり、話しかけたりする」（養育者の側）

「お腹が空いたり、オムツが汚れたり、暑かったり、寒かったりする不快を取り除いてくれるところの〝快い感覚〟と共に与えられる言葉への関心の芽生え」（赤児の側）

このように、行ったり、来たりの「共体験」により、赤児に、言葉を〝良きもの〟とする原初的な感覚が生まれ出てくるのである。

さまざまな体験が、五感を発達させ乳幼児の内に、「意味あるもの」として言葉を内在させてゆく。

「さあ、冷たいお水よ」と、冷たい水を与えられた時に、乳幼児は、指に触れたコップを感じ、口の中にあふれ、喉を通り過ぎる液体の感触を「冷たい」と、感じるのだ。

「冷たい」という言葉と共に冷たさを体験してはじめて「冷たい」とはどういうことか知るのである。

そして、口に含んだ、その味わいを「水」と、知るのである。

そのようにして、熱いとは、こういう感触。温かいとは、こういう感触。甘いとは、この味わい。大きな音、大きな声とは、このような音量。さわやかな空気とは、この湿度、この温度。全て、言葉は、「五感の体験」と共に、与えられることにより、「我がもの」となるのだ。

母親や、養育者は、乳幼児に、ものを渡す時に、「おミカンよ」「クッキーたべましょ」と、声をかける。食べ物を与える側と、受ける側の心の通い合いが、ここに生まれる。

そして暑い時に冷たいものを飲めば、ほてった肉体はよろこぶ。それは、乳幼児も、共にいる大人も、同じ筈である。

「ああ、冷たいね。」「おいしい。」「気持いい。」と、幼子との共感がここに生まれる。

幼くても、まだ、自ら言葉を発しなくても、たしかに、「存在」しているものへの、こちら側からの、さまざまなメッセージの発信を、乳幼児は、確かに受けとめているのだ。

同時空間で、同じ体験を共にすることを、私は、「共体験」と名づけることにした。この「共体験」の量と質が、その幼子の、五感を開かせるのである。いわば、感受性とでもいうものと共に、五感の感覚が研ぎ澄まされてゆくのである。

ここで大切なことは、繰り返すようだが、「言葉」を共に与えられなければ、「もの」や「ことがら」を、はっきりと分かることは出来ないのである。

漠然とした肉体感覚。肉体の要求するものを満たしたいという感覚。それだけでは、「ヒト」は「人間」にはなれないのだ。

生物として生きてゆこうとする本能は、人間にもある。しかし、それだけでは、霊長目の域を脱することは出来ない。

何を「人間」と言うか。イヌは、生まれながらにして、どのような環境に育てられても必ずイヌに成る。イヌなら、必ず、キャンとかワンとか吠える。

イヌはいくら教えても、「こんにちは。今日は良いお天気で気持ち良いですね。」と、話をするようには決してならない。それなのに、人間は、ケモノのように、〝うなるだけのヒト〟に成長してしまうことがあるのだ。

ヒトは、生まれおちて、この世を生きはじめた時に、五感の感覚が強まって、「これが自分の手」「これが自分の足」というように、「自分という中心」が出来上がってくる。この過程で、五感を、言葉と共に、体験してゆかなければならないのだ。

そして、事物を、「言葉」と共に体験して初めて、ケモノとは違う世界を持ち始めるのである。

さらに、このようなことが言えるのではないかと思う。やさしく話しかけられたり、あやされたりしなかった乳児は、養育者（主に母）との心のつながりが無いため、「他」との交流を望まない。そのため、言葉の必要性が内から沸き起こることがないために、言葉を知ることを求めることもなくなったのだ。

人間は、「もの」には、全て、名前がついていて、その「名前を持つ物・人」が、どのように絡み合って、世界を構築していくかを学んでゆく。

それなのに、他者との交流を求めないために、言葉に関心を持たない乳児は、人生の最初のところで、現実を認識する感覚が欠如する。そうなると、「もの」や、「ことがら」を、どのように見、どのように受けとめ、自分の中でどのように形づくり、位置づけるか…ということが成されない。

そのため、当然、知的発達も社会化も遅れるのである。

この時期の遅れというものは、どのような努力を後ほど試そうとも、完全にとり返すことは、不可能と思われる。

このような形の遅れを持った子は、ものの名を少しずつ覚えたり、人との心のつながりを、少しずつではあるが持てるようになっても、ものごとを総合的に見たり、分析的に見たりすることは、いかなる訓練の後にも、持つようにはなれなかった。

言い換えると、いかに時間やお金を費やしても、〝普通の人〟にならないということである。

このような子たちは、「言葉」を持てず、世界全体を分析的に、あるいは総合的に見る眼差しを持たないために、一切の〝抽象的〟なことがらを受け入れないで成長してゆかざるを得ない。

四肢を動かす、食べる、などの生物としての部分は育ってゆく。

しかし、肉体維持に必要のないことは学ばないし、学ぼうとする心の向きを持たない。

このような内面が、結果として、精神的発達の遅れとか、知的発達の遅れとなってゆくのだ。

「人間」というものの個性は、「言葉」による「世界認識」に基づく「社会生活」と言えるのではないか。

「愛情をこめて抱くこと」「愛情をこめて話しかけること」「共に歓び、共に哀しむこと」これこそが、古来、何千年、何万年と…人間が生まれ落ちた子を、「人間」に育てあげて来た基本なのである。

近年は、自閉症は、脳がどうこうとか、肉体に原因があるという説が主流のようである。

そういう場合もあるかもしれない。しかし、「自閉症」の原因を、脳の酵素とかに限るなら、私の体験をどのように説明づけられるであろうか。

抱きしめ、愛を伝えることにより、私のかかわった全ての子は、人間らしさを増大させた。言い換えると、自閉傾向が減少し、より普通の子に近づいたということである。触ることを拒否したB君は、どうにも仕様がなかったが…。

インドの、狼少女のカマラとアマラの例は、まさに、「ヒト」が「人間」になるためには、「人間に育てられること」を必要としていることを教えてくれている。しかも、「人間」が「人間」を育てるためには、ここに、「愛情」が無ければ、成り立たないことも、私の体験例は物語っている。

食物を与え、風呂に入れたりするだけでは、人間とはならないのだ。「愛情」によって、「言葉」と共に慈しみ、育まれることなしには、人間は人間らしく成長することはできないのである。

また、私の推測によると〝自閉〟とか、〝自閉傾向〟と、呼ばれる子たちは、本来は、気立ての良い子のように見えた。気立てが良く、おとなしいために自己主張しないので、母親の〝無視〟が加速されたように思われた。

何はともあれ、この乳児期に、育つべきものが育っていないと、ほとんど、取り返しがつかないと言っても過言ではないと思う。多少の改善があっても、決して普通児と同じになることはない。

しかし、他の人たちと、人間社会の中で暮らせるように、大切にし、愛情をかけ、人への思いやりの心を芽生えさせ、育むようにしてゆかなければならないと思う。

不幸にして、「人間に成るべく」産まれながら、「人間らしく」なれなかった子たち。

その人生の、初めの歩みの前に、「人間」と成りゆくための礎を与えられなかった子たち。

しかしながら、この子たちも、人間社会の中で生きてゆく他に、生きる場所は無いのだ。

だから、たとえ、遅まきながらでも、かき抱き、慈しみを降り注ぐことによって、

「人間らしく」育ててゆかなければならない。
この子たちも、人間らしくなり、幸せに生きてゆける道が無いわけではないのだ。
それは、ひとえに、周囲の「愛」に負っているのである。

第二章

学習困難

一、「虫喰い学習児」の登場

今日の子育てや教育において、重要な問題点の一つは、私が「学習困難」と呼んでいる「学習障害児」の増加ではないだろうか。

学力不振ということで相談を受ける子の中に、ある共通のパターンの子が現れ始めたのは、私の場合は、記憶は定かではないが、たしか、一九九四年頃のことだったと思う。それまでの学力不振は、次章で述べる過保護による「自我脆弱」や、過干渉による「自我萎縮」を原因としているものが大部分だった。

過保護の、対立の無い世界を生き続けていたために、「自分という中心」がしっかり出来ていない場合は、「自分力を育てる」という実践によって、大きな改善が得られて来ている。

また、過干渉にされて、自分を小さくしてしまっている子供たちは、自己表現出来ないために、劣って見えることがあるが、この場合は、母親が過干渉を止めて、子供の、「想い」「願い」を汲み取る努力を続けさえすれば、改善するのは難しいことではない。

ところが、一九九四年に出会った小三の男児の学力不振の場合は、この、どちらにも当てはまらなかったのである。

この頃から、学力不振の原因が、過保護、過干渉というタイプが少なくなり、この新しいパターンの「学習困難」の子が多くなっている。

このタイプの学力不振の子たちには共通するものがある。

漢字を書くと、ヘンとツクリを、極端に離したり、上下ずれたり、大きさが極端に違っていたりして、「一つの字」のように書けないのである。

また、アルファベットの文字を四線の中の正しい位置に書くことが出来ない。例えば、大文字は三段抜き、小文字は二段抜きに書いたり、位置が定まらないのだ。

小学校の低・中学年くらいの子が、上手に、バランス良く書けないことは多々あるし、位置も間違えることはある。また、一度、覚えても、Pのように大文字、小文字の大きさと位置が違うだけの文字は、かなりの期間、間違え続ける子がいる、

しかし、この、新しいタイプの学力不振児は、間違え方のレベルが違うのである。

私が見本を書き、なぞるように薄く、五つ位書いて練習を始めるのだが、すぐに、書く大きさと位置がずれてくるのである。いくら繰り返しても、直りにくいのが、〝普通

のよく間違える子〟と、異なっているのだ。

全般に筆圧が非常に強い子が多いのは、形を整えようと努めるからではないかと思われる。

普通は、何か、発達の凸凹を補うと、パッと進歩してゆく。あるいは、〝晩稲〟のタイプの子でも、ゆったりと、バランスの良い発達というものがある。

しかし、このタイプの、「遅れ」の大きい子を改変するのは、生易しい方法では、とても無理であった。


私は、「形」を、正しく捉える能力の向上のために、左右対称の図形で、左半分を実線の図形を作ってみた。

やさしい漢字や、簡単な図形であり、はじめに見本を示してから、作業にとりかからせるのである。

この、左右対称の図形を完成出来ない子が多い。「なぜ?」と、びっくりするほどである。

ある子は、図Ⅰの図を図Ⅱとか、何回かやらせたあとでも、図Ⅲとかになる。

また、ある子は、図Ⅳの完成は、図Ⅴであったり、図Ⅵを図Ⅶと完成させた。

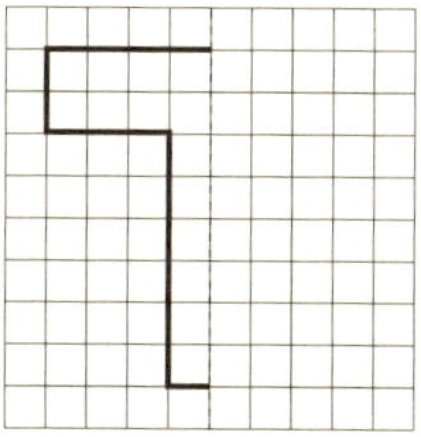
図Ⅰ

二人とも小学三年生である。

この、左右対称図形の完成は、自分の工夫であり、誰かに聞いた訳ではなかった。だが、最近になって、病院から、ある種の治療として、たくさん貰って来て子どもにやらせていたというお母さんの話を聞いたことがある。そういうことなら、すでに一般的なものなのかもしれないが。

学習困難児は、これらの図形の完成が簡単にできない位なので、絵について言うと、描けない子もいる。また、描けても、形の捉え方が、普通の子と違う場合が少なくない。

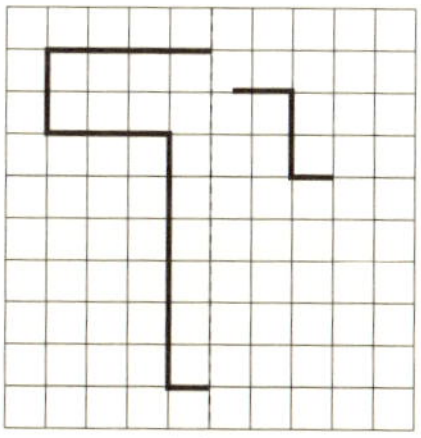
図Ⅱ

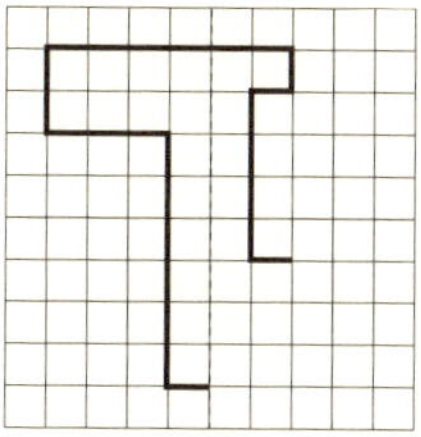
図Ⅲ

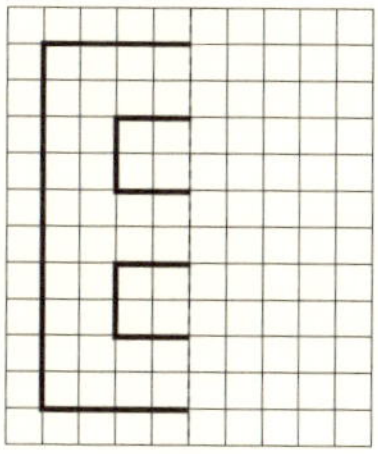
図Ⅳ

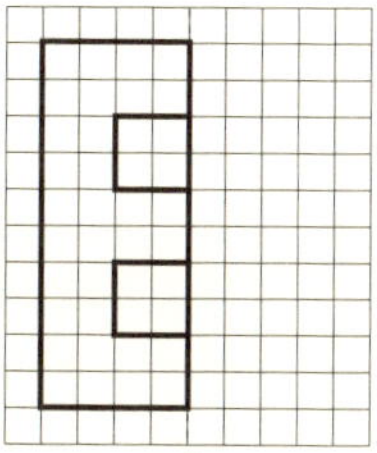
図Ⅴ

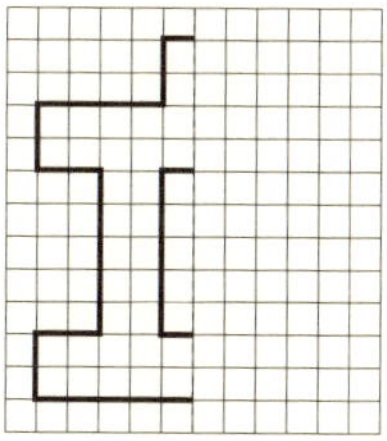
図Ⅵ

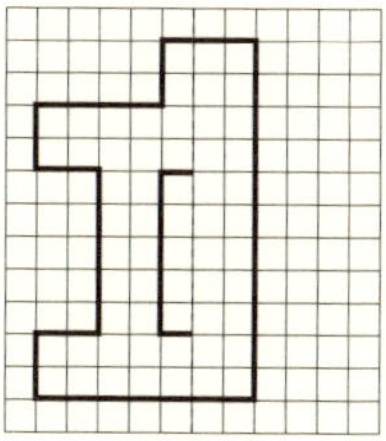
図Ⅶ

普通の人は、りんごは、とか、のように描くと思うが、ある子はと描いた。この例ほど、極端で無い子もいる。困難さのレベルが、子どもによって、一人、一人、違うからだ。しかしながら、描くのにたいへん努力がいったり、時間がかかったりする。

文章について言うと、中学生でも、文章を正確に書き写せないのである。一行目、二行目位までは写せても、三行目位から間違ってくるのである。

「目がおかしいんじゃないかと思うんです」という母親がいる。たしかに、視点が定まらないように見えるが、視力には異常は無いのだ。

学業成績について言えば、皆、かなり成績が悪い。正確に漢字が書けなかったり、文章を正確に写せない子が、学力優秀になれるわけはない。

学年が進むにつれ、内容の複雑化に伴って、成績不振が目立ってくる。

「形」に対して、おかしさが如実なので、当然、算数の図形の問題は、たいへん苦手である。特に、ある図形を、〝別な角度〟から見るとどうなるか—等ということになると、困難さは増加する、

計算は覚えられる。教えれば、やり方は覚える。間違えずにやれるようになる。しかし、ほんのわずかでも変わると、すぐに出来なくなる。

少しパターンが変わった場合、以前の学習で、すでに知識として持っているものと、

つなげることが出来ないので、少し変わっただけで出来なくなるのだ。だから、再び、新しい事のように、教え直すのである。

スモールステップでも、少しずつ積み上げてゆけない。小さな違いを、「どこが違う」「どう違う」などと考える力が弱いのだ。

子どもによって、〝違い〟を受け付けない程度に差があるが、いくら細やかに指導しても、道筋に乗ってくることは出来ない。

個別、個別の記憶に頼る場合、小学校は、進度が遅い（変わり方が少ない）ので、なんとか、平均に近くいったり、テスト範囲によっては、かなりの高得点になることもある。

しかし、中学生になると、特に、数学が大変になる。

体系的に出来ているものを、個々のバラバラな記憶に頼るなら、得点しにくくなるのは当然である。

しかし、このような「学習困難児」の中にも、たいへん努力を重ねたF子さんがいた。

この、F子さんの学習法を見ていると、「虫喰い的」な学習をする。

一つのことを、つきつめてゆき、一歩一歩積み上げてゆくということが出来ない。いろいろな手立てで指導するのだが、どうしてもついて来れない。こっちを少し、あっちを少しというようにしか学習できないのだ。

このような学習法だと、社会や理科などは、虫喰い的にでも覚えている部分で、いくらか点数は出る。

しかし、先にも述べたように、数学は体系として構築されているので、「虫喰い学習」では、どうにもならない。

それなのにF子さんは、たいへん頑張って、高校入試のための実力テストで、常に四十点くらいを取っていた。

F子さんは、どんなふうに頑張ったかと言うと、何とか分かり、覚えられるところを、繰り返しやるのである。それも、積み上げ方式ではなく、ちょっと方程式をやると、文字式をやってみたり、そうかというと、平方根をやってみたりする。

私の、〝どんな子でも出来るようになる〟と自負している指導法は、F子さんはもとより、他の学習困難児にも、それほど役に立たなかった。

しかし、F子さんは、ものすごい努力心で部分部分の記憶を強め続けたのである。

私は、学習困難児の記憶力が、人並み以下ということはないと思う。でも、中学生になっても、異常な筆圧の強さで、一つ一つ書くのに時間がかかったりするので、全体にはかどりにくいのだ。

しかも、文章をきちんと写せないから、なお、時間がかかるのである。

記憶力に頼り、「虫喰い学習」をする他ないのである。

この子たちが、記憶力に問題がないと思う理由は、英語の筆記試験のわりには、リスニングが出来たりするし、国語の聞き取りテストなどでも、時には高得点をとるからである。

英語のリスニングが出来るのは、リスニングテストというのは、〝部分的記憶〟に頼るテストだからではないだろうか。

英語が出来て、なおかつ抜群の記憶力の持ち主は、聞いた文章を、頭の中に再現することが可能である。

しかし、この両者が揃っている人は、そう多くはないだろう。

だから、たいていの日本人は、英語のリスニングでは、〝部分的記憶〟に頼っているのである。「部分的記憶に頼る」という面において、リスニングテストでは、普通の子と学習困難児は、同レベルなのだ。そのため、学習困難児も、リスニングテストでは七十点、八十点という得点が可能になるのではないかと、私は考えたのである。

産まれつき知能や、脳の構造などに欠陥が在るなら、全てが同じ位の低レベルで、同じ位の遅さになる。しかし、学習困難児は、「ある部分は何とかなる」とか、「けっこういけてる」ことがあるのだ、それ故、私は、これらの子を、生まれつきの「脳」の構造など、身体上に欠陥があるのではないと考えた。そこで、試行錯誤の中で、この子たちの欠陥を補えると思うことを実践してみたのである。

そして、このような中で、この子たちの発達を阻害したものは何なのか、思い至るようになったのである。

その考察について、次に詳述したい。

二、外界をぼんやり見ていた子たち

第一章の「ヒト」が「人間」になるためのカギの部分で、「聴覚」は、新生児にも備わっているが、「視る力」は、もう少し時間がかかって向上するように思えると、私は述べた。

「視る力」について、これも、私の単なる〝観察〟にすぎないのだが、次に述べてゆきたい。

歯が生える頃に、〝歯固め〟という、おしゃぶりを与える時期がある。歯茎がかゆくなるのであろうか、柔らかい乳首の形の〝おしゃぶり〟ではなくて、固いプラスチック等でできている〝歯固め〟である。

この歯固めを手にする頃、乳児は、それを目の前にかざし、じっと見るしぐさをすることがある。生後二、三ヶ月では、サークルベットの上に、極彩色のビラビラとしたものをぶら下げて、ぐるぐる回るのを見せたりする。ものを見たがりだすために、眠そうになってむずかる時に、回してあげたりするが、自分で這ったり、移動できるようになると、他のものに関心を向けるようになる。

ものをつかむことができるようになると、おもちゃで遊び出すが、見ていると、ほとんど「かじる」「なめる」で、「じっと見る」という時は少ない。

おそらく、まだ、周りは、しっかりと形のある世界ではないのではないかと思われる。「目」の構造は、筋肉で、焦点を合わすレンズなのだから、先に述べたように、筋肉がしっかりしている事と、目がよく見えることは、同一線上にあるのではないかと、私は思っている。

グニャグニャの新生児は、首が坐り、寝返りで背筋や腹筋を鍛えると、初めて座れるようになる。

その頃から、遠くにあるものと近くにあるものとの違いが分かってくるのではないだろうか。視界が広がるからである。

この時期に、どれ位よく見えているのか分からないが、ともかく、「目」は、大人と同じ様に見えるようになるのに、かなり時間がかかると思われる。

そして、このことが、今、私の述べている、「色」や「形」を知って、ものを見てゆくこと—視覚世界を、「しっかり」と、識別的に見てゆくこと—の重要性を物語っていると私は考えている。

ちょうど、ものの形がはっきりと見えて来た時に、全体を、分析的に、あるいは総合的に見る習慣を持てなかった子が、「形の感覚」や「位置感覚」が、定まらない子になるのであろうと思われる。

幼児に少し、言葉の広がりが出て来る頃に、必ず「赤い」「青い」などの色を教える時がある。幼児は「色」に関心を持つからである。

その時、幼児が、「赤」という色が分かると、身の周りの赤いものを、「これ赤い」「これも赤いよ」と、触って回ったりする。〝赤い色〟という概念を持ったのである。

同じように、「おみかん、まるいね」「おりんごも、ほら、まるいよね」とか話しかけると、「このアメまるい」「おなべまるい」「ママ、あれもまるいよ」などと、まるいものを見つけたり、集めて並べることもある。

このように「色」そして、「まるい」「四角い」などという「形」を〝言葉と共に〟与えられた時、自分の周囲を、〝色〟や〝形〟として見る視点が与えられるのではないだろうか。

そして、この時期に子どもは、「絵を描いて」「絵を描いて」と、せがむことがある。

上手、下手に関係なしに、何とか、いろいろ「これはコップ」「これはおりんご」とか描いてあげると、とても喜ぶのだ。これは、「形」に対する関心の表れではないかと思われる。

自分が目に見えている「形」がたしかに、その「形」であるということが、母親やその他の大人の人に描いて貰った絵によって再確認出来るので、喜ぶのだと思う。

「四角いものをまるいと言いくるめる…」などと言う慣用句があるが、これは、まるいとか四角いとかいうことは、全ての人が〝概念〟として持っているということである。

誰一人、「サイコロは四角い」ということを疑わないが、それを、いったい、いつ知ったのだろうか。自分の記憶をたどっても、いつ、四角いものを四角い、まるいものをまるいと知ったのか、思い出せないと思う。

それは、まだ、自分の中に〝言葉〟が、完全に育っていない時期に—言葉の〝芽〟が、内にある時期に—、「おみかんはまるい」「お豆はまるい」と、繰り返し〝教えられた〟からではないだろうか。

幼児が、「おみかんまるい」「おりんごまるい」と聞き、「ママ、これもまるい」「このアメもまるいよ」と、〝まるい〟という言葉の意味を知ったということは、「形」を理解し、「概念形成を行った」ということである。

「もの」から共通因子を見つけ出し、「まるいとはこういうこと」「まるいものは、こういうもの」という「抽象化」を、幼児が行えたということなのだ。

そして、「まるい」「四角い」が概念化されると、どうしても、世界を「まるい」「四角い」と、分析して見るようになるのだ、

では、幼児期に、このような話しかけが皆無であったり、概念化できるまでには至らない位の、ごく少ない話しかけしか無かったなら、その子は、どのように成長してゆくのだろうか。

まるいものを「まるい」と教えられなければ、まるいものを〝まるい〟とは認識できない。「まるい」「四角い」という言葉が与えられて初めて、目に見えるものの中に「形」を見てゆくのである。あらゆるものを「形」として分析的に見る眼差しが生まれるのだ。

だから、まるいものを「まるい」と教えられなければ、まるいものを〝まるい〟と認識できずにボーッとした、ぼんやりとした感覚のまま成長してしまうに違いない。

また、「形」として見る習慣化によって、「大きい四角」「小さい四角」などの、大小感覚や、「位置の感覚」「均衡的なものと不安定なものに対する感覚」が、育ってゆ

くのではないだろうか。

「対称形を完成できない」

「カードをきちんと並べられない」

「漢字の形がとれない。均衡が破られていても直せない」

「アルファベットの大きさ、位置が定まらない」

このようなことを、学齢期になっても、相当な時間をかけ、あの手この手を使わないと習得させられないのは、右に述べたような感覚の欠落のせいなのだ。

まだ、言葉の世界が未分化の時期に、〝ものを見る目〟が、はっきりしていなかったことが、少し年齢がゆき、「まるい」「四角い」などを知ったとしても、尾を引いてしまっているのである。

ものを見る時に、ボーッと見ているとは、ものを「形」に分別していないということである。その習慣により、常に、世界への理解と認識が研ぎ澄まされなかったのだ。

考えてみると、視覚世界は、「色」と「形」によって成っているのである。

絵画について言えば、山下清画伯という人がいる。「知的障害者」ということだが、絵に才能があり、「画伯」である。この人の絵は、ちぎり絵や、点描派の様な、色彩の点の集合で成っていると、私は記憶している。色の集まりによって「形」が見えているのであり、「形」を描いてはいないように見える。

この人は、「対象」を見る時に、それを成している〝色〟を見ており、その感覚が優れているのではないだろうか。何かの理由で「形」として見る能力、または、習慣が、「無い」か「薄い」のではないかと思われる。

また、キュービズムと言われる一派がある。

これらの画家の絵は、「形」が主体である。「対象」を、さまざまな〝形（立体）〟に分析し、それを総合したりして、構成しているのである。

右のようなことから明確に分かるように、この世界――目に見える世界――は、「色」と「形」によってつくられているのだ。

ものの「形」や「色」に、目を向けさせられることがなく、言うなれば、ものに「形」があるということが刷り込まれなければ、そのような目で周りを見る〝習慣〟は生まれないのである。

この世界を見る目として、「赤い」「青い」「まるい」「四角い」などという言葉を、体験と共に与えられることなく、概念を形成することも出来にくかった幼児期をすごした子が、学習困難児になってゆくに違いないと、私は思っている。

三、思考の『回路』ができなかった！

目に見えるものを色や形によって、〝見分け〟ないで、ぼんやりと見ていた子たちは、「視覚的認識不全」に加え、「抽象的思考不全」とも呼べる困難を抱えてしまう。

語りかけられる言葉が少なかったということは、角度を変えると〝世界〟の、自分への開かれ方が、小さかったとも言える。

〝理屈〟や、〝規則〟によって形作られているのが、〝世の中〟ではないだろうか。

「これは、こうだから、こうやるのよ」とか、「これは、こういうものだから、こうしてはいけないのよ」とか、大人は、子どもに、いろいろなことを教える。

幼児は、生活の中で、過去の体験を思い起こし、「今、どうしたらいいか」考える。また、全く初めての体験に出会った時には、過去の体験を総合して、どう対処すべきか考えるのだ。

このような、〝考えて行動〟するためには、その〝考え〟の元になる、「言葉」がなければならないのだ。

なぜなら、人間が〝考える〟のは、言葉によって考えることは、自明だからだ。とりこまれている言葉が少なければ、論理的に思考する力が弱まるし、思考する習慣そのものを築きにくい。

だから、「言葉の貧困」は、「思考の貧困」を招くのである。

外国語の学習を例にとる。母国語である日本語による思考や知識の貧しい人は、いくら英語などを勉強しても、日本語における自分の言語世界以上にはなり得ないのだ。バイリンガルの人は、どちらの言語でも、同等に表現が出来るということに過ぎず、表現出来る内容は、その人自身の持っている知識、教養、思考力の域を出ることは無いのである。

幼児期に取り込まれた言語が貧困であれば、そのわずかの言葉をやりくりして、思考する他ないし、わずかの言葉では、思考すること自体が、困難なのだ。

筋道を立てて、ものごとを考える習慣を築けなかった子は、体系的に積み上げてゆく学習についていけない子になるのは当然と言える。

この「思考の貧困」が、学齢期になると極端な低学力という形で、目に見えてくるのだ。

特に、算数・数学は、「取り決め」の世界だから、言わば、〝数学的言語の世界〟とも言えるのではないだろうか。

言葉が不全、思考が不全なら、算数・数学が得意な人になれるわけがない。

五才位までの間のことになるだろう。この時期の、「与えられた言葉の貧困」が「思考力の貧困」を産み出したのである。

この時期に出来るべき、ある種の「回路」が出来なかったのが、学習困難の原因であることに違いはない。

私が、一般的には「学習障害」と呼んでいるのを、「学習困難」と呼ぶのは、生まれつきのものではないと考えるからである。

生まれつきのものではなく、生まれてから、成長する道筋において〝困難さ〟を抱えてしまったと考えるからだ。

そして、この、乳幼児期の、世界が拡がってゆく時期に形成されなかった「回路」は、後の時期に、取り戻すのは、正に「困難」なのである。

教育によって、多少の改善はあるが、「虫喰い学習」から「構築的学習」に移行するのは至難なのだ。

言語は、時間をかけて取り込まれてゆくもののように思われるから、日常的なかかわりの中での言葉のやりとりは、小学校の高学年や、中学生で不自由さは感じられない。生活上の言葉に不足は無いのだ。

しかし、問題は、幼児期に出来るべきだった「回路」が不完全ということにある。その「回路」の不完全さには、人によって違いがある。

「違い」に目をつけ、分類すれば、さまざまに名付けることはできる。しかし、その「因子」は単一なのである。

極言するなら、「自閉」と「学習障害」の、その原因は同じなのである。

四、薄い想いと軽い気持ちの子育て

私の体験によると、「自閉」の子は、圧倒的に男の子が多かった。

しかし、学習困難児は、男の子ばかりでなく、女の子も、男の子と同じ位の割合でいる。また、私の知る限りでは、第二子が多い。

第二子に多い理由は、母親が、一人目の子は、それなりに努力してかかわるのだが、二人目になると、面倒くさくなったり、あるいは、「あんなに努力しても、しなくても、たいして変わらないのじゃないかしら」と、手を抜くからではないだろうか。

また、本人は第二子で、上の子が「自閉」という学習困難児も少なからずいた。

これは、第一子を「自閉」に育てた親が、第二子の時には、少し〝母親らしく〟なり、多少の母親らしい係わりをするためではないだろうか。

「自閉」と「学習困難（障害）」の要因は、同じものであり、その時期と、程度の強弱と考えられるからである。

おおざっぱに言うと、〇才で、「自閉」の原因が内在され、そして、〇才から三、四才までの間に、「学習困難」の原因が内在されると、私は思っている。

この原因は、乳幼児の側に在るのではなくて、養育者の側に在るのだ。

だが、学習困難児のお母さん方を見ていると、概ね〝普通の人〟であり、〝普通の暮し方〟をしているようなのである。

母親の側に悪気は無く、故意に、子どもを無視したり、邪魔扱いをしているようには見えなかった。

また、「自分は、親にかまわれすぎて、鬱陶しかったので、我が子は、あんまり構わないようにしているんです」という人もいた。

全体的には、特別に変わった性格の人が、特別に変わった生活をしているというようには見えなかったのである。

〝普通の母親〟によって、大量の学習困難児が生産されているのである。

しかしながら、必ず、彼女たちの心の内に原因があるに違いないと思いながら、観察を重ねているうちに、やがて、そこに共通する要素が浮かび上がって来たのである。

その共通点とは、何かと言うと、「子どもへの無関心」であり、無関心でないまでも、「軽い気持ちの子育て」であった。

私の出会ったお母さん方は、極端な低学力を教師に指摘されて困り、「何とかしなくちゃ……」と思って私のところへ来るのだから、努力している方に入るかもしれないが。

しかし、〝想いは薄い〟という気がした。

塾の会費は遅延なく払うのだが、顔を出す人は少ない。

「お子さんのことでお目にかかりたい」と何回も声をかけても、一度も来ない人もたくさんいた。

子どもは、進歩してきているのに、私が子どもに、何を行っているのか、知ろうとはしないのだ。

大切な我が子について、有益なことが聞けるかもしれないし、少なくとも自分の悩みを聞いてもらえるチャンスである。愛情のある母親なら、必ず会いに来るのが当たり前ではないであろうか。

それなのに、私が電話をかけたりして、いろいろ言うのが気に入らなくてか、子どもをやめさせてしまう人もいる。

そして、家庭の事情が、ちょっと変わったりすると、スパッと来なくなるのだ。

このようなお母さん方を、十把一絡げには出来ないだろうが、総じて、〝入魂でない〟子育てをして来た人たちと思われた。

なぜ、「入魂でない子育て」をする、本能や情念の薄い母親が、日本で大量生産されるようになったのか。

その理由は、一言で言うと、「豊かすぎるために、子育てに苦労が無さ過ぎるため」と言えるのではないだろうか。

乳児用の粉ミルクが無かったり、あってもたいへん高価で、普通位の暮しの人には買えない時代には、赤ちゃんをお腹いっぱいにしておくことは簡単ではなかった。母乳の出の良し悪しがあり、また、母親自身の栄養状態が必ずしも万全ではなかった時代には、赤ちゃんは、よく泣いていたのである。

そういう時代には、赤ちゃんのお腹をいっぱいにさせ、気持ち良く満足して眠っている状態にすることは、必ずしも簡単ではなかったと言える。例えば夏の暑さにしても、冷房が無い時代には、盛夏に汗疹を作らないように、涼しく寝かせることは、簡単ではなかった。

このような時代には、母親は、いつも赤ちゃんのことが、気にかかっていた。言い換えると、母親の心は、いつも赤ちゃんの方に向いていたのである。

子育ては苦労を伴い、苦労の中で、母親は細やかな心づかいを我が子に向けていたのだ。当然、多くの言葉かけも行われていたのである。

明治、大正、昭和初期に生まれ育った人に「赤ちゃんは、おなかをくちくして、よく眠っているなら、それで良い」と考えている人は多い。なぜなら、その人が子育てをしていた時代は、赤ちゃんがよく眠っているのは満足しているからであり、よく眠る状態にするのは、大変だったからである。この頃の人は、深い、濃い情念で子育てをしているのだ。その結果、お腹がいっぱいで、よく眠っている赤ちゃんの状態が得られているのである。

しかし、もし、この感覚を、現在の子育てに持ち込むと、どうなるか。

食べるのが好きな子は、食べ物をもらい、お腹がいっぱいであれば、満足している。そのような子に、「食べていればおとなしい」からと、好きなだけおやつを与えていたら、どうなるか。

お腹がいっぱいで満足していておとなしいからと、話しかけも少なく、一緒に遊んであげることも少なかったら、どうなるか。

過去の、物質が乏しくて、大部分の人が〝食べるのがやっと〟の時代に生まれ育った祖父母に、赤ちゃんを預けている人もいる。そして、その中の、少なからずが、学習困難児になっている。

祖父母ばかりでなく、母親自身が、そのような感覚で子育てをして、〝ツケ〟が回ってくる場合も少なくない。

たしかに、「赤ちゃんを育てる」のは、「肉体を育てる」ことに始まるかもしれない。しかし、物質が豊かになった現在は、過去の時代のように、食べさせて、オムツを替えてあげれば「普通の子が育つ」というわけにはいかなくなっているのだ。

母乳が出なければ、乳児用粉ミルクを飲ませれば良く、今は、もはや、粉ミルクは、手に入れにくいほど高価ではない。赤ちゃんは、いつでも、お腹がくちくいられるのだ。お腹が空く苦しみが少なければ、満腹にしてもらえる満足感も薄くなりがちになる。与える側も、〝飲ませてあげられる〟〝赤ちゃんを満足させてあげられる〟という喜びや、満足感も薄くなりがちなのである。

また、紙オムツの普及のために、布オムツの洗濯や、乾かす苦労も無くなり、トイレのしつけを始めるのが遅くなった。

布オムツ時代は、一才位になると排泄物もかなり臭くなるし、汚れが落ちにくくなるので、一日でも早く、トイレでしてほしくなる。そこで、母親は、オムツを離すことに躍起になるのである。

この、排泄をめぐる「親子の対立」は、子どもの「自分感覚」を強め、「肉体意識」を、開発するのだが、それが無くなってきている。

今は、二才過ぎ位でオムツをしているのは普通なのだ。

子どもを、お腹いっぱいにしておくことに苦労は無く、清潔にしておくための努力もいらない時代になったのだ。だから、要するに、「薄い想い」「軽い気持ち」で、赤ちゃんを育ててゆけるのである。

このような中で、無自覚に〝安逸〟を選ぶ人は、一日中、テレビをつけっぱなしにしたり、おとなしいからと、長時間ビデオを見せっぱなしにしたりする。

おとなしければ、放っておく。子どもが何を望んでいるのか、感じようとしない、気にしない。

必要がなければ、話しかけることも少なく、従って、子の側に取り込まれる言葉の数も、種類も、貧弱になる。

以上のようなことに思い至ってから、私は、学習困難児の母親には必ず、次のような質問をしてきた、

「おみかんまるいね。おりんごまるいね、などと、話かけていなかったのではないですか」……と。

すると、一人残らず、「そう言えば…してません」とか、「あまり、していなかった

と思います」と言うのである。

そして、私が、お母さん方に、〝話かけ〟や〝共体験〟の少なさ、無さが、今のお子さんの抱える問題の原因と考えていると言うと、「知っていればもっとかまったのに」「知っていれば、もっと可愛がったのに」と、残念がるのだ。

物質的豊かさで余った時間を、何に使っているか。

余った時間を、過剰に、子どもを「自己の想い」で振り回してしまえば、それは、それで〝おかしな子〟が育ってしまう。お稽古だ、知育だと、三、四才位の子を連れ回すのは、親の自己中心である。

幼児にとって、最も幸せなのは、母親の元で、好きな遊びを、あきるまで繰り返す日々なのだ。

それにしても、多くの家電など、便利になってはいても、家事をちゃんとやる人にとって、育児は、たいへんなのである。子どもと遊んであげるのも、けっこう疲れることなのだ。

だが、我が子に、どれだけの時間と、想いを捧げるか…は、子どもの中に、目に見えぬ形で内在されてゆくのである。

考えてみると、母としての愛の薄さや、愛情を伝える努力の無さが、他者と心のつながりを持てない、言葉の無い子（自閉）を生じさせるのである。

そして、それほど程度が強くないまでも、深く、我が子と心を通い合わせることのない日々を送ってしまった母が、社会に踏み出てゆくのに困難を背負う、いわゆる〝学習障害児〟を生みだしてしまうのだ

豊かさによってもたらされたものを、

「自分が楽をするため」
「自分が楽しむため」
「物質生活を豊かにするために外で働くため」

これらのためだけに使ってしまえば、子どもは

「学習に苦労し」
「人生を楽しめない」
「将来は、自分の生活の資を手に入れるのも難しいかもしれない」

このような人間に育ってしまうのである。

第三章

低学力

一、「自我脆弱」のための低学力状態

我が子を腕の中に抱いても、愛情が湧き起こらなかった母親がいる。

また、いろいろな要因は在ったにしても、「愛と慈しみをこめた抱きや話かけ」が行えなかった母親がいる。

その結果として、母との心のつながりが生まれず、言葉を知ることもなくて、「人間」らしくなれなかった子どもたちや、認識や思考に欠陥を持ってしまった子どもたちについて、第一章と第二章に書いてきた。

前章のお母さん方は、〝極端な人たち〟かもしれない。しかし、深く自分のことを想って、さまざまな手をかけてくれる母親の元にいながら、その母の〝愛情の表わし方〟のために、大きなマイナスを背負ってしまう子どもたちもいる。

「愛情」がかけられなければ、伝えられなければ、「ヒト」は、「人間」になれない。一方で、養育者に愛情があっても、それだけでは、子どもたちが、「本来の自分らしさ」を、発揮できなくなってしまうことがある。

「過保護」すなわち、「自己陶酔的愛情」と、「過干渉」すなわち、「執着的愛情」を、母親が強く持っている場合である。

この章では、「過保護」によって現れて来る低学力と、躾や、母子の心のつながりの関係について述べてゆくことにする。

小学生や中学生の成績が悪いと、たいていの人は、その子が〝頭が悪い〟からと、思うのではないだろうか。

しかし、私が、いままでかかわって来た子供たちの中で、生まれつき知能が低くて、小・中の学習に取り組めない子は、数えるほどしかいなかった。

ここでは、母親の過保護による「自我脆弱」によって、極端な低学力になっていたため、誰からも〝バカ〟と思われ、自分を〝バカ〟と思い込んでいたG君についての、改善例を述べてゆくことにする。

「中学の担任には、行ける学校は無いって言われているんです。でも、何とか高校には行かせたいんです」

と、ワラにもすがる気持ちで、人伝えに私のところを聞いてG君のお母さんが来たのは、G君が中学三年の四月のことだった。

G君の様子は、おとなしく、ぼんやりしており、歩き方といい、表情といい、いかにも〝知恵遅れ〟という感じだった。

お母さんの話では、小学校に入った頃、全く勉強が、とりわけ算数が出来なかったということである。お母さんが教えたり、小学三年位からは近くの学習塾に通わせていたけれど、成績はいつも最下位だったという。

「親がこう言うのも…。でも皆、そう言うので、生まれつき〝バカ〟なのかと…」と、お母さんは、口ごもりながら言うのであった。

それを聞いているG君は、特別悲しそうでもなく、うっすらとした顔をしているのである。

少しでも力になれるなら…という想いで引き受けることにして、G君の学習状態をみることにした。

小一から現在に至るまで、何が出来て、何が出来ないか見てみると、不完全で、うろ覚えだったが、中学数学では、正・負の計算と文字式は、少しは出来ていたのである。

不完全でも、正・負の計算が少しは出来るということは、可能性があることを示唆してくれた。

G君の全体の様子から、このG君の学業遅進は、過保護的な母親の元の、ボーッとした暮らしぶりで、自我の形成が遅れた例に違いないと、私は思った。

そして、中学三年生なので、なんとか二次方程式までは、完全にしてあげたいと願ったのである。

私のやっている塾の指導方法について、ここで、少し述べておきたい。

私のところは、開設当初（東京都府中市において開設）から、息子の喘息のために転居し、千葉県下においてやっている現在までの間、一貫して、個別指導である。子どもは、分かり方も、分らなさも、一人、一人、違うのだ。だから、子どもに合わせて指導するには、個別指導の他は無いのである。

個別指導でも、一対一ではなく、つきっきりということではない。本人が作業をして、理解を深め、考え方を記憶する必要がある。だから、つきっきりにはならないのだ。

定着度や、理解度を確認しながら、次の段階に進めるのである。

このようなやり方なので、個別指導でも、何人か、同時に教えることが可能なのだ。

このために、私のところでは、クラスで一、二という子も、〝すぐにつまずく子〟〝手のかかる子〟も、一緒に指導しているのである。

〝出来る子〟というのは、言い方は悪いが、〝雑な教え方〟でも済む。細かいステップを踏まなくても、間隙を自分で補えるからだ。そして、そのような子には、本当にゆっくりと、詳しく教えなければならない内容は一日に一回位である。「未知の領域の導入の部分」を教え、「何を、どれだけやれば良いか」を指示すれば、ほぼ、それでやっていけるからだ。

それに対し、手のかかる子は、スモールステップで、少しずつ、少しずつ、導いて行かなければならない。多くの時間をさく必要があるのだ。

だから、学力差のある子を同じクラスにしてこそ、〝最下位の成績〟の子に手をかけられるし、高いお金を払ってもらわなくてすむのである。

なぜなら、手のかかる子というのは、補ったり、細かい配慮をしても、成績の大幅な上昇まで至らないこともあるし、時間もかかる。目に見える面がないと、親として、お金を払ってもムダ。払うのがつまらない。という人も少なくない。そのためにも、どんなに手のかかる子も低料金にすることが大切になる。

もともと、学力を問わずに、一緒に教えるのは、学習が遅れている子を、差別しないで大切にするためであった。それが、結果として、どの子にも、充分な指導が出来る結果をもたらしたのである。

余談になるが、「受験塾」では、入会時にテストを行って成績の良い子だけを採る。当然、進学校はレベルの高い所にゆける。すると、あたかも、〝良い塾〟のように見えるのだ。そういう所は、高額な会費を払わせる場合が少なくないのではないだろうか。

もしそうなら、こんなにボロイことはないのである。もともと、「出来る子」、すなわち、いろいろな要素がうまくいっている子は、たいへん教えるのが楽で、気力も体力も少なくてすむのである。

このような子ばかり集めるなら、むしろ、会費は安くてすむ筈と思うのだ。

話をもとに戻して、私のところの学習指導法について詳述する。

まず、学習の流れを述べると、

①今、必要なことを教える
②それを習得するには、何をしなければならないか示す。
③示した通りの道筋で学習が進んでいるか、〝のぞき見〟する。
④つまづきが見えたら、さらに、何が必要か考えて教える。

と、この①〜④を繰り返すのである。

先に述べたように、成績上位の子ほど、この道筋でつまづくことは少ない。そのような子は、分らない部分の原因を示すだけで、あとは自力で出来るようになる。

成績上位でなくても、長く、このような学習指導を受けていると、学習の道筋が身につき、自信もつき、努力する心も身につく。

さらに、私は、〝すぐに忘れる〟〝すぐに分からなくなる〟というタイプの子のために、細やかな補助教材を作り、それを見ながら学習を進めるように指導している。分らなくなると、ボーッと、手の止まる子がいるので、それを無くすためである。

私はG君に、このような意図で作った数学の補助教材を使ってみた。すると、G君は、そのプリントを、単純に丸写しするのでなく、一つ、一つ、考えながらやっていることが分かった。


学生時代に、何の苦労もなく、方程式位は解いていた人には、気付きにくいだろうが、実は、全ての人が、何かを「分かる」「出来る」という道筋は同じ所を通るのである。

いわば、〝回転が速い〟とか、〝すぐに出来るようになる〟という人は、その道筋が出来るのが速いのだ。

そして、そういう人は、すぐに分かったり、全体を覚えてしまうために、自分が細かい思考の道筋を通っていることに、気付かないのである。

私は、観察しているうちに、G君は、「AとBを比べて違いを見つけることができる」ことを知った。これは、G君は、思考力の持ち主だということを示している。

AとBの違いを見つけられる—見分けられる—ということは、言葉を替えると、分析力があるということなのだ。

分析できるということは、「違い」や「共通性」を見取り、概念形成が出来るということになる。

人間の学習（勉強）は、「名を知る」「分析する」「概念形成する（総合する）」「記憶する」の、繰返しを行うことだ。

G君は四則計算はなんとか出来た。その上、方程式の学習では、途中式を見ながら、二段目と与式の違い、三段目と二段目の違いを、考えながらやっていけるのである。

G君には、前述の、「学習体得の道筋」を通るために欠けているものは無いことになる。

私は、その観察結果を、G君に伝えた。

「あなたは周囲に〝バカ〟と思われ、あなた自身も、自分を〝バカ〟と思いこんできたでしょう。でも、あなたは、決して〝バカ〟のではないのよ。なぜなら…」

このようにして、「あなたは〝バカ〟ではない」ということを示して、繰り返し励ましながら、正負の計算↓文字式↓方程式↓式の展開↓因数分解↓平方根↓二次方程式というように学習を進めていった。

そして、一学期の期末テストでは六十点位とれるようになったのである。私のところに来る前は、〇点か、五点、十点とかだったのだから、大進歩と言っても良いのではないだろうか。

英語の学習は、数学ほど簡単ではなかったが、そこにも大きな進歩が見られた。自分が〝バカ〟ではないということに気付いたG君が、社会や理科の勉強にも努力したことは言うまでもない。

G君は、二学期には、最下位の二、三人から何十番も飛ばして、成績上昇し、親の望む通りに高校に進学できた。G君は公立の工業高校に進学したが、これは、千葉県下でのことなので、工業高校は人気があり、入るのはやさしくはないのである。

G君は、高校卒業時に、自動車の運転免許証も取り、大きい会社ではないということだが正社員として就職し、社長にも誉められる存在となっているという。

「ローンで車を買って、会社に通っています。」と、お母さんは、たまたま道で会った時に、嬉しそうに話していた。

そして、繰り返し、私への感謝を述べていた。

自他ともに、〝バカ〟と思い、思われていたG君は、私の行った心理的なケア（自分の能力に目覚め、自信を持ったこと）と、適切無比の学習指導（必要なことを、必要な分だけ身につけて先に進むという無駄のない学習）とによって、〝普通の社会人〟に成れた。

しかし、つけ加えておきたいが、全てが、このように短期間でうまくゆくとは限らない。

なぜなら、周りから〝バカ扱い〟されることによって、心に歪みを作ってしまう子が多いのだ。そうなると、その心の歪みの故に、他者を受け付けなくなり、自分の壁に閉じこもったり、〝～のふり〟という、実体の薄い存在になってしまうことが少なくないのだ。

そのような「歪み」の大きい子の場合、学習以前の問題として、この「歪みを正す」ことに時間がかかる。すると、学習の効果を出せるのには、時間がかかるのである。

しかし、G君には、そのような歪みが少なかった。その歪みの少ない素直な心が、私を拒否することなく、短い時間で学習効果を上げたのである。

G君の幼児期に〝自他の壁〟を形成する刺激や知育を行わなかったのは、母親の無知のためである。しかし、愛情は深く、よく話しかけて、慈しんでいたのである。子供を無私に愛する心は彼女に在ったのだ。そしてバカと周囲に言われようとも、G君を、恥じたり、哀しんだりすることなく、受け容れ続けたのだ。

人生の歩み初めに、なるべく多量に愛情を受けることが、全ての困難に打ち勝つ要素を潜在させることを証明する一例ではないだろうか。

二、「自分力」を鍛える（躾けられていないと算数ができない）

G君の例で述べたのと同じく過保護のために、自我の発育が遅れて、小学校入学後に、極端な低学力という形が表れてしまったI介君がいる。次にI介君について述べてみたい。

I介君は、小学校一年生のときに、母親から相談を受けた子である。

PTAで知り合いになったIさんが、「子どものことで、相談したいことがある」と、私のところにやって来たのは、ある年の六月頃のことだった。

「いくらなんでも、まったく白紙というのはおかしいと思ったの。それも、算数だけとかいうんじゃなくて、国語でも、社会でも、みんな白紙なのよね」。

三人兄弟の末っ子のI介君が、学校のテストペーパーに、何も記入していないというのである。

私「それじゃ、テストだけじゃなくて、ノートとかも、何も書いてないのね」。

Ｉさん「そうなのよ。ノートにも、なーんにも。絵は好きなのよね。絵は描いてあるのよ。マンガのキャラクターみたいな、変なしつこいような絵だけどさぁ」。

私「誰かに何か言われたことないの？他の子がやれることが出来ないのは変とか」。

Ｉさん「別にないのよね──。出来なくても良いんだけどさ。でも、まったく白紙って、変だと思わない？」

Ｉさんの話では、会話も普通、日常生活も普通にやっていたという。Ｉ介君には、お兄さんとお姉さんがいて、二人とも、なかなかしっかりしたお子さんたちだった。Ｉさんは、御主人と二人で、商店を経営しており、しっかり者の主婦である。

「それじゃ、ともかく、うちに連れて来てみて。上の子と一緒で良いわよ。様子を見てみるから。勉強を教えるとか、何をどう教えるかとは、そのあとの話だから──。ともかく、連れてきて」。

と、Ｉさんとは、後日会う約束をした。

その子に会ってみると、なかなか、気立ての良い子だった。当時、幼児に流行っていた怪獣ものを集めるのが大好きで、年齢からいうと、好みがやや幼稚かという感じもあったが、〝異常〟というほどではない。

たいへん絵が上手で、私にたくさん絵をプレゼントしてくれたし、いろいろ話し合うこともできた。

しかし、同年齢の子と混じって、トランプやビンゴゲームなどの遊びごとは出来ず、また、外で、身体を使って遊ぶことも出来なかった。室内ゲームは、そばで、私が配慮してあげると、混じってやれないこともなかったが。

全体的には、I介君に、脳の機能や神経などに、問題があるとは思えなかった。

私は、I介君の場合は、多分、育てられ方の中で、何かの理由で自我の形成が遅れてしまい、それが、小学生になってから、〝勉強が出来ない〟という形に表れてきたのだと判断した。


なぜ、自我の形成が遅れると、〝勉強が出来ない〟という形になるのかというと、ものごとを認知し、思考し、判断を下し、行動するのは、全て、自分という主体があってのことだからだ。

五感で感じとるのは自分である。そして、それをもとに、何をすべきか、しないべきか考えるのも自分だ。そうした中心になるべき自分という主体がしっかりしていないで、年齢相応の育ち方をしていないと、その年齢で、やれる筈のことができないわけである。

子供の発達はデコボコしているので、あまり均一に考えられないが、I介君のように、あらゆる教科、あらゆる授業に、少しも参加しないというのは、かなり強い表れ方をしているると言える。

そこで、Iさんと、再び会って、I介君の育てられ方を聞くと、I介君は同居している祖母（I介君のお父さんの母親）が育てていたということであった。

I介君は、祖父が亡くなった翌年の誕生で、暇になった祖母が、生まれたばかりの時から、奪うようにして育てたということである。その頃、ちょうど、店の方も忙しくなったので、自然に祖母に、すべてやってもらったというのである。二人の兄、姉は、ごく普通の―ある意味では、普通以上に―しっかりした子供たちだった。この二人はIさん自ら育児していたわけなので、I介君が、上の二人のようではないのは、祖母の育て方に関係がある他には考えられない。

Iさんの話では、その祖母は、I介君のいやがることは、全然しないで、いつも言いなりになっているという。叱るということは少しもしないということであった。

小さな子だから、欲しがるものもたかがしれているので、まず、ほとんど買ってあげる。お風呂に入るとき、頭からお湯をかけるといやがるので、小学校に入っても、まだ赤ちゃんの頭を洗うように、横抱きにして洗ってあげているということであった。

普通の親だと、横抱きにして洗うのには頭も大きく、重くなるので、ある時期になると、「目をつぶって！」「息を止めて！」などと言って、立たせて、バシャッとお湯をかけてしまう。

そうすると、子供はそのうち、親と同じに自分で洗うようになる。それが、普通の道筋である。

I介君の場合は、お風呂に入る時、祖母が、このような頭の洗い方をしてあげるだけでなく、身体もすみずみまで洗ってあげるということだった。I介君は、ただされるままにしているだけなのだ、

着るものにしても、保育園のカバンや小学校のランドセルの用意も、すべて、I介君には一つもやらせないで、祖母がしてあげるそうだ。

兄、姉がいると、普通は、兄弟喧嘩で、下の子は鍛えられるが、この家では、祖母が防波堤になって、I介君が、上の二人にコテンとやられるようなことはなかったということである。

要するに、家庭でのI介君は、祖母と二人だけの居心地の良い、対立のない、ふわっとした世界に生きているわけだ。

「対立」が無いということは、自分と、他のもの、他の人との間の境界が無いということになる。自分と他者とを分けることによって、自分という中心ができるのである。

以上のような、Iさんの話と、I介君の様子から、I介君は、過保護の典型による、「自我脆弱」に陥っていることを確信した。

I介君が極端に家庭で過保護的にされていても、外の世界―幼稚園や、保育園の刺激や影響もある筈なので、いったい保育園ではどんな生活だったのか、私は、知りたいと思った。

Iさんの話によると、I介君が三才から行っていた保育園は、三才児からは、クラス分けをして、決まったカリキュラムを子供にやらせているところだった。そのため、「言いなり」で、「自分がない」I介君は、保母さんに〝扱いにくい存在〟ではなかったようである。保母さんに「おかしいです」と言われたことは無かったという。

しかし、Iさんは、上の二人の子と比べ、「何かおかしい」「このままじゃまずい」と常々感じていたという。そして時折は姑と言い争うこともあった。

だが、姑は嫁であるIさんの言うことには、耳をかさなかったと言う。そのため、夫の、母親への服従にたてつくこともできず、家庭に波風の立つことを恐れ、「違うんじゃないか」「これじゃいけないんじゃないか」と、時折は思いながら、どうすることも出来なかったということだった。

そんな風に暮らしている中で、I介君は、いよいよ小学校に入学したところ、テストの解答用紙は、全くの白紙だったのだ。「いくら出来なくても、少しは書けるはずなのに、全く白紙なのは、いくらなんでもおかしい」と、Iさんは深刻になり、放っておけなくなって、私のところに来たのである。

I介君が、極端に、一切の学習を受け付けないのは、「自我」が弱かったからなのだ。「自分という中心」、いわゆる「自我」が、年齢相応に形成されていないのである。

「自分という中心」を形成するのは、「自分意識」「自分感覚」である。

前章で述べたように、新生児は、母（養育者）の世話を受けることで、「心のつながり」を持ち、五感の発達と同時に与えられる言葉によって、「ものの名」や「ことがら」を表す言葉」を知ってゆく。そのような日々によって「自分」と「外界」とを分けて見れるようになるのである。

I介君は、可愛いがられていたので、充分に言葉を与えられ、「自分という中心」は三才児位までは、普通レベルだったと思われる。

しかし、いよいよ、自立的な部分を多くして、「自我」をしっかり育てるべき時に、「全き依存の日々」を与えてしまったのである。そのために、年齢相応の自我が出来ずに、〝学校についてゆけない〟状態になったのだ。

このような過保護による「自我脆弱」の改善方法は、二つのことをやるのである。その一つは、家庭の中で「役割分担」を担わせるのである。いわゆる〝お手伝い〟である。躾によって、「自分力」を鍛えるのだ。

もう一つは、外で遊ばせるのである。


なぜ、躾と、外遊びが「自分力」を鍛えるか次に述べてゆきたい。

躾をするということは、子どもに、やって良いことと、やって悪いことの、判断基準を与えることである。与えられた判断基準に基づいて、子どもは、「これはやってい い」「これはやっちゃいけないんだ」と、いろいろな場面で、自分で判断して、行動を決めるのである。

また、躾をするということは、善悪の価値基準を、具体的な事象に合わせて、教えていくことだけでなく、世の中の〝決まり事〟を教えてゆくことでもあるのだ。

この、世の中の決まり事というのは、生活文化の違いが背景にあるから、国家、民族、地方などで違いが出て来ることがある。日本ではマナー違反でないことが、〇〇国ではマナー違反ということが、有り得る。しかし、どの国に生まれようと、その国で行われている生活習慣で、〝良い〟とされていることを身につけるのは、その社会で生きてゆくのに不可欠なのだ。

例えば、歯を磨いたり、顔や、身体を洗ったり、手足が汚れていれば洗ってから家に入るような、清潔の習慣を身につけることは、不潔によって他の人に不快を与えたり、家の中を汚したりしないためである。健康維持のためにもなる。

また、玄関で靴を脱ぐ時に、乱雑にしないできちんとそろえること、脱いだ衣服を片付けること、食事が終わったら食器を片づけることなどは、日常生活をスムーズに行うために必要である。他の人の行動を妨げないための思いやりとも言える。

靴を脱ぐときに、外向きにそろえ直すのは、出て行く時に、他の人と重なる時、速やかな動きによってぶつかり合わないために良いのである。

学習塾に来る多くの子を観察しているうちに気付いたことは多々あるが、その中の一つに、「勉強が出来る子は、靴をきちんとそろえて脱ぐ」ということがある。

また、乱雑に脱ぐ子に、注意はしないで、私が靴を揃えて置いていると、一ヶ月、二ヶ月と経つうちに、大部分の子は、自分で靴を揃えるようになるのである。向きを変えるように揃え直す子は、ごく少数にしても、上がる時に、靴を揃えて脱ぐように気をつけるようになるのである。

そうなる時には、学習も、かなり順調にやってゆけるようになっているのだ。成績優秀な子は、初めて来た時から、必ずきちんと脱ぐ。それほど〝優秀〟でなくても、きちんとする子はいるが、成績優秀な子は例外なく乱雑に脱がない。

靴を揃えるようにさせることだけに集中すれば、他に何の努力も無くても学習が万全ということではない。しかし、躾られていることと、勉強—とりわけ算数—が出来ることは、深い関係があるのである。

普通の人は、例えば、食事の作法と、算数の出来、不出来とは、関係がないと思うであろう。

しかし、これらは深い関係があるのだ。

「子どもが躾けられる」ということは、子どもの側にとっては、自分と他者との関係が砥ぎ澄まされるということである。そして、他者とのかかわりにおいて、「やっていいこと」と「悪いこと」がある—とり決められていることがある—ということを体感することなのだ。

算数の、1＋1＝2、1＋2＝3というのは、これは「決まり事」である。

なぜりんご一つ、みかん一つ、あめ一つは「一」と呼ぶか。なぜ二つ集まった時に、それを「二」と言うのか。これは「言葉」なのである。決まり事なのである。

この「決まり事の世界」に、素直に入ってゆけない子は、日常生活の中で、「決まり事がある」という感覚を持っていないからだ。

「決まり事」ばかり教えて、子どもにがんじがらめの日々を過ごさせると、「教えられた事しか出来ない子」になってしまう。これもまずいのであって、躾ながら、「自由遊び」をたっぷりさせてあげ、「子ども自身の選択」を尊重しなければならない。この塩梅がまさに、難しいのだが。子どもの持って産まれた性格や、日常生活のあり方、いろいろな要素が複雑にからみあってくるからである。

しかし、どのような生活をしていようとも、衣食住というのは、全ての人に共通している。だから、例えば、食事の時に、「イスにはきちんと座る」「食べ物を混ぜ合わせたりして遊ばない」などというのは、おそらく誰でもがやっている事とは思うが、このような事は大切なのだ。

食事時になっても、子どもは遊び続けて、「近付いて来て口を開けると、親は食べ物を放りこむ」などということを、日常的にやっている人がいるが、これは、「決まり事」を教えるチャンスを、親が捨てているのである。

遊んでいたくても、お食事時になったら、食卓に座るように躾なければ、世話をする側は、子どもの食事に振り回されてしまう。面倒で放っておくなら、好きな時に、ダラダラと、自分の好きな物しか食べない子になる。それは飼い猫の暮らしと同じである。お食事時には、食卓にきちんと向かわせることは、「自分の勝手にならない事がある」と、うっすらと、日常生活の中で感じさせることである。その感覚が、長じては、「いやな事でもガマンする」という意志につながってゆくのだ。

昔は、大家族で、〝食事時に遅れたら、自分の食べる物は何もなくなっている〟というような事は珍しくなかった。そういう状況では、絶対に食いっぱぐれまいと努力するようになる。しかし、今は「何もなくなっている」ということは少ないのではないか。また、「ダラダラ食い」を許しているような家の子は、お腹が本当に空くことが少なくなるのである。

子どもの健康を真剣に考えている親は、三食で、どのような栄養バランスを取り込めるか必死であるから、自ずから、食事の躾を厳しくする。自分だって、辛くても用意したりしているのだから、きちんと食べさせたくなるという理由も無くはない。

ダラダラ食いを許す親が、すべからくきちんと食事の用意をしない人だとは言えない。しかし、〝どのようなもの〟を、〝どれくらいの量〟を食べるかということに関して、自分に厳しくない人ではないかと推察できる。そして、自分の食事に対する感覚が、我が子の「学習能力」に大きく関与していることについては、全く無自覚だと思える。

小学生の一年、二年位で、算数の学習に、問題の出ている子が来ると、私は、お母さん方に、右のような話をする。

そして、食事が終わったら、自分のお茶碗やお箸を、流しに持って行くように躾たり、新聞を持って来るとか、ゴミ出しをしてもらうとか、家事を手伝うように躾けることを勧める。

すると、この日常生活の改善によって、算数のみならず、全ての学習が向上するのである。

だから、将来、自分の子を勉強が出来るようにさせたければ、幼児期にお手伝いをさせれば良いのだ。それには、それまでに、よく可愛がって、お母さんの気持ちがわかる子に育てなければならない。

躾をするには、子どもと、心のつながりが無ければやれない。新生児の頃から、よく抱きよく話しかけ、いつも心配りをしてあげ、共感、共体験の日々を送ってこそ、子どもの中に、情緒性が育つのである。

母親が自分を愛してくれていることを知っているからこそ、母親に叱られれば、「お母さんに怒られたくない！」と、躾を受け入れるのである。

心のつながりのない関係で叱られれば、それは、自分への「全面的拒否」と感じられ、存在の根底が揺るがされるほどの苦しみ、哀しみを、子どもは感じてしまい、恐慌状態に陥ってしまうのである。

母親との強い愛情の絆。そして、躾による社会化。この二者がきちんと育っていなければ、持って生まれた能力の発揮できない子になるのだ。

I介君について言えば、祖母に可愛がられているので、「躾られる」「躾けることが可能」なのである。あとは、極端な過保護さえやめて〝決まり事〟を刷り込んでゆけば〝決まり事である学習（勉強）〟をやれるようになるのである。

それには、外からの私の働きかけだけでは不充分で、家庭生活の中からやってゆかなければ、効果は得にくい。

私は、お母さんによく説明をし、I介君の将来にかかわる大切なことなので、祖母からI介君を〝取り戻す〟ようにすすめた。上の二人の子を、きちんと育てているのだから、Iさん自身で、今までやっていたように育てればいいのである。

立場の弱いIさんのために、私はお父さんとも会い、協力するようにお願いした。I介君が〝普通の人〟としてやっていけるようになるか、ならぬかの岐路にあることをよく説明すると、お父さんも分かってくれ、「母と話し合ってみます」と約束してくれたのである。

そうして、I介君はお風呂では、頭からお湯をぶっかけられ、遊びから帰ると、よく足を洗うように見張られ、ダダをこねても、玩具も簡単には買ってもらえないようになり、毎朝、新聞を持って来るという役割を与えられ、ごはんの後は、自分のお茶碗とお箸だけは流し台に運ぶように言われ…など、日常生活の決まり事を身につけされていった。

はじめから全てをやれたわけではなく、少しずつ、抵抗をしたり、泣いたりしても、徐々に、やってゆけるようにしたのであった。

またもう一方で、私は、I介君を外で遊ばせた。I介君は少しは外で遊んではいたが、危険な遊びは、怖がってやらなかった。ターザンロープはもとより、滑り台も怖いのである。

「遊び」は、自我を育てるのだ。特に、野外での自由遊びは、多少の危険を伴うため、注意深さや、強い目的意識を育てるために、その効果が顕著である。

滑り台、ブランコ、ジャングルジム…どんな遊びでも、ボーッとしていてはやることができない。どこにつかまり、どこに足を置くか、一つ、一つ、はっきりと考えて、決心し、手足に指令を出して行動しているのである。それが、長い間の習慣化によって、無意識に近いような早さで、手足が動いているため、「自分の意識」というものがその根底にあることに気付きにくいのだ。

例えば、私たちが木登りをするとしよう。

私たちは、登る前に、木を見上げ、手や足をかけるのに充分な枝や〝こぶ〟があるか見定めるだろう。

いよいよ登ることを決めたとき、私たちは、始めに、まず、どの枝をつかみ、次に、どの枝に足をかけるか考える。

そして、「ここに右手」「ここに左手」「ここに右足」「ここに左足」と登ってゆく。必ず、どんな人でも、このように、一つ、一つ、慎重に考え、選んでいるのだ。木登りになれている人は、スルスルと登ってゆくが、それは、私たちが3＋2＝5というような算数は、あまり考えなくても即座に答が出るのと同じである。実際には考えて行動した積み重ねのために、頭の中に道筋が出来ているのであって、それは、ほとんど、無意識に近いように、思考が回路をたどるからなのだ。

木登りのように、落ちれば大ケガのような危険な遊びについて述べると、人が、はじめに目的を持ち、次にどうしたらその目的をはたせるか考えて、さらに次に、その考えを行動に移すという決定を行っていることがわかりやすい。木登りに限らず、全て、人が、何かを行う時には、必ず、この木登りと同じような「目的」「目的を果たすための手段と方法の考察」「意志決定」「選択」という段階を踏んでいるのである。

幼児であろうと、人間である限り、このことに何の変りもない。そして、この幼児期に、遊びを通して、「目的意識」→「方法手段の考察」→「意志決定」→「行動」という道筋を鍛えておくことが大切なのだ。

小さな子どもには、あらゆることが、この木登りに等しいのである。この緊張感が、自分という主体の意識を強め、状況判断と意志決定の連続が「自分力」を鍛えるのだ。やがて、長じては、スポーツや学習（勉強）によっても「自分力」を鍛えることができるが、幼児は遊びによって「自分力」を鍛えるのが有効なのである。

「子どもは、どうしてあんなに遊びたがるか」という疑問に対する答がここにある。自分を創り上げる道筋として、生命としての内なる声に従っているのにすぎないのではないだろうか。

I介君に話を戻すが、右に述べた理由から、彼に不足している〝危険な外遊び〟をやらせることが、どうしても必要だったのである。

「適正な躾」「外遊び」によって、I介君は次第に学習への集中力や努力心を持てる様になり、三年生になった時には、何とか、普通の後ろの方についてゆけるようになったのである。

小学一年生という早い時期に問題に取り組めたのは、大きなプラス要因だった。

一年生は、まだ、学習面の遅れが少ないのと、〝出来なくてイジメられる〟とか、〝出来ない自分を知らされて心を小さくする〟という傾向が出てこない年齢である。

また、I介君の例は、母親が強い心の持ち主であり、理性的な女性であったことも、大きな力になっていた。

特に高い教育を受けた人ではなかったにしても、生活や人生の中で学び、客観的にものを見れる人であった。

我が子の問題を理解し、それをプラスに転化する方法を理解し、信じると、行動できる人であった。姑との争い、夫との諍い、様々な苦しみも、子どもへの愛情によって耐え忍んだのだ。母の強い愛情があってこそ、I介君の自我は鍛えられたのである。

三、母と子の信頼関係（心のつながりが無いと躾けられない）

祖母によるペットと化していたI介君の例の中では、躾と学習能力の相関関係について述べてきた。

I介君とG君は、「躾」や、「学習によって自分力を高める」ことにより、普通にやってゆけるようになった。

それが成功した理由は、I介君とG君両者は、例え過保護による弊害を被っていても、少なくとも、祖母や母に深く愛されていたことに因るのだと言い切れる。

過保護によって、子供の心に何が生まれているか考えると、「愛されている実感」により、「愛してくれる人への信頼」が、育まれているのである。

たしかに、「信頼」は、ともすれば「依存」に変化してしまう。だが、根底には、情緒性が育まれているのだ。それ故に、「躾」られた時に、怒りや復讐心が生まれることは無く、自分を変えてゆけるのである。

「躾」を受けることは、子供の側から言えば、「自分を変えること」である。

自分に厳しくする相手を、恨んだり、恐れたりしないで、相手の愛情が分かるのは、「信頼関係の絆」が強く、固く、結ばれているからである。

躾けることの大切さが分かっていて、子どもをしっかり躾たいと、母親の側が強く思っていても、子どもの側が、躾を受けつけないことがある。

それは、単に、子どもとの信頼関係―深い心のつながり―が無いためなのである。

ここでは、私自身の育児体験から、「心のつながり」が、子どもを躾る上でどんなに大切なことか、述べてゆきたい。

二人目の子ども（男児）が三才の時、台所仕事をしている私の傍らでブロック遊びをしているのを見ていたことがある。その時、突然、私の胸の内から突き上げて来るような想いがあった。

それは、「私は、この子のことを何も知らない」「この子が、飛行機と船と、どちらが好きなのか、滑り台とお砂場と、どちらが好きなのか知らない」という想念である。

その頃、私は、叱ると、息子がパニック状態になるので、「叱りにくい」「叱れない」「躾が出来ない。どうしよう」と悩んでいた。

一人目の娘は、聞き分けが良く、三才下の弟の面倒も、少しもいやがらずに看てくれる子であったが、女児、男児の違いはあっても、下の男の子は、聞き分けが悪くて苦労していたのである。

私は、「子どもは母親の手元で、愛情をかけて育てるのが一番良い」という考えから、一人目の娘は、手元で育てていた。

その考えを、変えたわけではなかったが、息子は一才三ヵ月という幼い時期に、保育園に預けなければならなくなってしまったのである。

娘が四才、息子が一才になるかならぬかという時に、シナリオライターであった夫が大病で倒れてしまったのだ。専業主婦だった私は、家族全体の生活を支えるために、外に出て働かざるをえない状況に陥ってしまったのである。

夫が倒れる前も、私は夫の助手のようなもので、楽な専業主婦だった訳ではなかった。

当時は、今のように、パソコンやケイタイで、何でも済むような時代ではなかったので、いつかかってくるか分らない新しい仕事の打診の電話や、現在進行中のシナリオについての、打ち合わせの電話の応対は、大切な役割であった。

また、夫が仕事に行き詰まった時には、アイデアを絞り出す助けをしたり、原稿の清書をしたり、夫の、いわば、秘書のような、助手のような役割も引き受けていたのである。

夫が集中して書いている時は、食事の内容も、重いものは避けなければならず、そのような配慮も、私の重要な役割だった。

妻として、母として、より良くあろうとして、夫のためと、娘の育児とに、私の全ての時間は使われていたのである。

このような日々のために、私と娘とは、片時も離れることはなかった。

娘と私が、どんなにか「一体」となっていたかを、つくづく感じさせられた、こんな出来事がある。

娘が二才位の時、何か、止むを得ぬ用事で娘を夫に託して出かけた事があった。電車のホームで、一人、電車待ちをしていた時のことである。

その時、腕の間、私の身体の周りを、風がサァーと通ってゆくような感覚に襲われたのだ。

「何か足りない」という感覚である。私の前を、冷たい風が通りぬけてゆくような感覚。忘れ物をしてきたような感覚。喪失感。

それほど、いつも手をひいたり、抱っこをしたりして、一体となっていたし、私の眼差しは、いつも娘に注がれていたのである。

このような状態だったので、私は娘のことを、スミズミまで知っていたのだ。

それに引きかえ、息子は、泣く泣くではあったが、小さい時から、保育園に預けられていたのだ。

フリーの仕事の夫には、失業保険もなく、倒れた二ヵ月後には、収入も途絶えてしまったので、二人の子を保育園に預ける他に道は無いと、考えざるをえなかったのである。

今、時間を取り戻せるなら、何としても、息子は、あと一年でも良いから、一日でも長く手元で育てれば良かったと、私は、いつもいつも思っている。

もともと、アトピー体質だったにしても、二歳位から喘息の発作が出るようになったのも、保育園でのストレスのせいであろうと、後々、つくづく悔やむのであった。

よちよち歩きの、一才三ヵ月の息子を抱いて、保育園に預けに行った時に「一番小さい、一番弱いこの子が犠牲になる」と、私は、胸をつかれる想いを持った。でも、一生廃人になるかもしれないという、苦しい瀬戸際にある夫のことや、多少の援助をしてくれる親戚の、「あなたが働く他ない」「子供を預けて働く他ない」という言葉や考えを、無視することは出来ない立場だったのである。

今、振り返ってみると、他にも何らかの手段があったかもしれないが、その時は、「私が働くんだ。働かなければならないんだ」という想いに一杯になり、「この子が犠牲になる」という、心の底の感覚を押しつぶしたのであった。

それから一年位経って、二、三の仕事を経たあと、私は、学習塾を始めることになった。

学習塾を始めると、仕事は毎日ではなかったが、入所できた保育所は、預ける側の自由になる所ではなかった。預けるなら、毎日来てくれと言う。また、私自身も、塾で教える内容を勉強する時間が必要だったり、事務的な事柄や、夫の看病もあったため、保育所をやめさせる踏ん切りをつけられないで、さらに一年が経ったのである。

三才位になると、息子は、朝起きると、必ず、「僕、今日、保育園に行くの？」と聞き「行くのよ」と答えると、「僕、行きたくない！」と、泣き出すのが常だった。

「お母さんもね、本当はお家で一緒にいたいのよ。けど、働かなきゃならないから仕方ないの。がまんしてね」と言うと、「うん」と言うのだが、着がえも、顔を洗うのも、ノロノロ、ノロノロ…。

そして、三才上の姉が、「お姉ちゃんも、行きたくないけど、頑張っているんだよ。さ、行こう…」と手を引くと、すごすごとついて来るのであった。

「今日は、保育園はお休みよ」と、私が答える時には、明るく活発になり、どんどん着がえて、もりもり朝食を食べ、いろいろ遊び出すのであった。

全体的には普通の子であり、普通の親子と言えるかもしれない。

しかし、「私は、この子のことを知らない！」という、強い想いが起きていたのだ。また、私に、いろいろな「お話」をしようとしないのは、おかしいのではないかとも思っていたのである。

「あまり、お話をしませんが」と、心配して保母さんに言うと、保母さんは皆、「そんなことはないです。ちゃんと話をするし、何も心配はありませんよ」と、全員が、笑って答えるのである。

たしかに、日常生活の会話は、普通にしているのだ。しかし、心の深い所で、触れ合わないのである。

この感覚は、私が一人目の娘を、五才近くまで、朝・昼・晩、常に共に暮らしていたからこそ分かるのだと思った。

普通、子どもを預ける人は、第一子から、どうかすると三ヶ月、四ヶ月という早い時期から預ける。長い産休のとれるところでも、三年とか五年というところはほとんど無いのではないだろうか。

そのように、小さい時から預けていると、「子どもとの間はこういうもの」と思うのであろう。

私にしても、娘との深いつながり感覚が無ければ、「子どもとの間はこういうもの」と思っていたに違いない。

我が子は可愛いのが普通の親である。可愛くないから預けるのではないが「預けて仕事をする」「仕事をやめる」または、「一時休んで、赤ちゃんの世話に専念する」等の選択を迫られた時、赤ちゃんへの愛着心を切り捨てないと、預けられないのである。

私も、生活のため、夫の看病のため、自分の健康のため（私が病気になれば一家離散となってしまう）と、そのような理由で、息子を「切り捨てた」と言える。

「切り捨てる」という言い方は、言いすぎかもしれないが、ともかくも、母親が〝踏ん切り〟がつかなければ、預けることは出来ないのである。

しかし、子供は、母親が重荷として、苦しんで、悩んで育てることによって、その母親の苦労や忍耐を、自分のエネルギーとして成長して行くものなのである。

話を元に戻すが、遊んでいる息子の姿を見ながら、「私はこの子のことをよく知らないんだ」という想いが胸を刺してから数週間経った頃のことだった。

保育園の運動会があったのに、私は何かの都合で、出席できなかったのである。その日、迎えに行くと、乳児室の時、いつも息子を抱いてくれていた若い保母さんが、抱いていた息子を渡しながら言うのだった。

「今日は、朝から、一日中泣いていて、どうしても泣きやまなかったんですよ。こんなことは、今までなかったですよ。一日中抱いていたんです。本当に、普通じゃなかったです」と告げるのであった。

その時、私は、「息子は折檻を受けたのだ」と思った。

なぜ、その様に思ったかというと、私は、年配の保母さんに、躾を通り越して、折檻と言えるような扱いを受けて、狂ったように泣き叫んでいた子どもを見たことがあるからである。

運動会の二、三週間前に、給食のある日を、無い日と間違えて、一時間位早く、迎えに行ったことがあった。その時、部屋の隅で、給食が終わるまで待たせてもらったのだが、こんなことを目撃したのだ。

給食後は、テーブルを片付けて、昼寝のふとんを敷くために、子供たちは、部屋の一角に集めて、紙芝居を見せられていた。

その日は、お昼寝はなかったのだが、部屋を片付けるために、いつもと同じに、子供たちは、一角に集められていたのである。

子供たちの、「見たい」とか「見たくない」とかいう気持ちとは関係なしに、部屋を片付けるために、一固まりに集めるのだ。すると、どうしても、号令通りに出来ないで、ウロウロする子が数人いる。

その時は、息子はなんとか集団の中に座っていたが、何回呼びかけてもウロウロする子がいた。すると、ある年輩の保母さんが、叱りとばし、ギャーギャー泣く子を、〝こらしめ〟と言って、用具室に閉じ込めたのである。

この一か月前には、何の規律も無い、乳児室での放任育児だったのだ。

四月一日になると、決まり事の多い三才児クラスに入るのだが、たった一日で、幼児が急成長する訳はない。三月三十一日から四月一日の一日ちがいで、急に、バックはここに置いて、とかを、全ての子がやれるようにはならないのだ。

しかも、部屋の一角に子供たちを集めるのは、保育園の大人の都合なのに、紙芝居を見たくないからとウロウロしているのを、言うことを聞かないから「罰」というのは、三才児には、行きすぎた行為ではないだろうか。

大人の都合に合わない子は、懲らしめて当然という、子供の心を無視した行為である。しかし、その時の私は、あえて、抗議をすることは出来ないで、黙していた。

手のかかる子供を預けているという、当方の〝弱味〟や、家庭の事情から、かなり特別な配慮を受けて、入所しているという事情もあった。

しかし、その時、何も言わなかった一番大きい理由は、私の内面にあったのである。当時、私は、自分の「批判癖」や「裁き癖」を直そうと、日々、努めていた。だから、そこで何か言うことは、自分の〝裁き癖〟に乗っかってしまうことになるから、何も言えなくなるのである。

だが、―そのうち、うちの子もやられるに違いない―と心配していたのだ。そこに、この出来事である。

乳児室で、いつも、泣けば抱いて慰めてくれた保母さんが、どんなに抱き続けても、一日中泣きやまなかったのは、普通でない。

ほとんどの両親が来ているのに、自分のお母さんがいないということも、不安を増大させていたかもしれないし、小学生になった三才上の姉がいなかったことも、心にあったのかもしれないが。

折檻の真偽を確かめることはせず、その日を境に、息子はしばらく休ませることにし、そのまま退園させたのである。

そして、二年間、保育園にも幼稚園にも入れず、手元に置いたのだった。その後、小学校に入る前の一年間だけ、公立の幼稚園に通わせたが、それは、遊び仲間が皆、幼稚園に入ってしまったからである。

保育園をやめさせたのは、その運動会の事はきっかけにすぎず、それまでに、「このままではいけない」と、私の中の想いが強くなっていたからであった。

明るく、素直な子であり、特別な問題は、外見からは見れない。しかし、私には、「問題だ」と思えることが、いろいろあったのである。


その一例に、こういうことがあった。その頃に、息子は、私から離れることを恐れ、悲しむことは普通ではなかったのだ。

例えば、夜、ゴミを出しに行こうとすると、「ママ、行かないで！」と、泣き叫ぶのである。「お母さんは、ゴミを出しに行くだけよ。すぐに戻るから」と言っても、納得しないで泣き叫び続けるのだ。

また、家の中でも、私の姿が見えなくなると「ママ、どこ──」と泣いて走り回るので、トイレに行く時も、「ママはトイレに行くからね」と声をかけ、ついてくる時はトイレについて来させ、ドアを閉めると泣くので、トイレのドアを閉められなかった。

母親のあとを追ったり、トイレまで心配してついて来るのは、どの子にもある。

しかし、三才をすぎた息子の、離れることを怖がる恐れ方は、かなり度を越しているように感じた。

聞き分けが良くなる年齢に、かえって、このようなのは問題だと、長女の子育てに比して、考えざるを得なかったのである。

保育園の中では、あきらめているのであろう。しかし、家に一緒にいる時は、「お母さんは、いつかいなくなる」「いなくなるんじゃないか」と、心の底で恐れ続けているのではないだろうか。

だから、〝お母さんがいなくなる〟という恐怖心で心がいっぱいになると、どんな言葉も、体験を通しての知識も、すっ飛んでしまうに違いない。恐怖心に心が支配されるのである。このような状態なので、私が叱ると、息子は、「ギャー」と泣くばかりであった。私はそれほど、メチャメチャ叱っているわけではないのに。

私は、「この子は躾られない」と思った。そして、三才上の娘は、叱られると、「お母さん、ごめんなさい」と、素直に改めていたのにどうして息子は、私の気持ちが分らないのか、いろいろ考えざるをえなかった。

そして、その原因は、共にいる時間が少ないために、母である私への信頼感が無かったり、薄かったりするためであると考えたのだ。

いつも側にいれば、寒い時は温かい飲み物をもらったり、ころんで痛い時には、「痛いの痛いの飛んでけ」と慰められ、抱きしめられ、薬をつけてもらえる。そのような時間が少なければ、心の底に、母親への深い信頼感が育まれないのである。

信頼感があれば、叱られると、「自分に悪いところがあるから叱られるんだ」と、心が大きく波立つことなく、〝叱られた事実〟を受け入れられるのだ。

普通なら、保育所や幼稚園に入れる年齢にやめさせることや、自分の日常への影響を考えると、なかなか、踏ん切りがつかなかったが、仕事は、毎日ではないのだから、何とかやりくりしてみよう。夫も奇跡的に快復してきていることだし、夫にも助けてもらおうと、いよいよ保育園を退園させたいという想いが強まって来ていた時の運動会の出来事である。

保育園を退園させた方が良いという想いが強まるために、もう一つ、こういうことがあった。

その頃、保育園から、二年間通った乳児室での写真を、まとめて貰ったのである。その写真の中での、息子の表情は、惨めそうだったり、泣き顔に近いような哀しげな表情であることに気付いたのだ。保育園での写真は、皆、明るくないのである。

私が撮った写真は、にこにこしていたり、晴れやかそうだったり、明るく笑っていたりしているのに。子どもの持っている可愛らしさ、明るさ、素直さなどが、目一杯、その表情の中にあるのに、保育園での写真は、沈んだ表情なのである。

私は、写真を見ていて、息子は保育園では幸せではないのだと思った。聞き分けが良くなる筈の年齢で、かえって後追いをひどくするのは、日常が安心感に満たされていないことを意味していることが、この写真の束によっても知ることが出来た。

このようなことから、私は、息子の一才からの日々を、もう一度生き直そうと心にきめ、保育園をやめさせ、手元に置くことにしたのである。

それからは、駅前の銀行に行く時でも、今までは自転車でサッと行っていたのを、息子と手をつなぎ、車の少なそうな道を選んで、「ほら、このお庭、お花がきれいね」とか「ほら、あの雲、クジラさんみたいだね。あっ、あっちは、何に見えるかしら、牛さんみたいかな…」などと、話しかけながら、ゆっくりと歩いて行くことにした。

また、家の中でも、姿が見えなくなると、ブロック遊びなどに集中していた息子が、「ママ、どこ—！」と、泣いて捜すために、必ず、「ママはベランダでお洗濯干すからね」等と、話しかけてから移動するようにした。一、二ヶ月は、ベランダまで来て、居るのを確かめてから、また、遊びだしたりしていたが、だんだん、捜したり、泣いたりしなくなったのである。

やがて、児童公園は、住んでいる所のすぐ横で、窓から見えるところだったので、息子が、同年齢の子と遊びに熱中しだすと、「お母さんは、お家にいるから」と声をかけて、家に戻ることが出来るようになったのであった。（当時、私たち一家は、東京都府中市の団地に住んでおり、後に、息子の喘息治療のために、大気汚染の少ない千葉県下に移り住んだのである）

団地は、かなり閉鎖的な空間の上に、公園で幼児を遊ばせるお母さん方とは知り合っていたので、三才の子でも、一人で置いておいて、何の心配もない所だった。

そんな風に暮らして、三ヶ月位たった頃であろうか、夕食の時、息子が、突然、話だしたのである。

「お母さん、今日ね、公園でね、○○ちゃんと遊んでたらね、○○ちゃんがね…」と、奔流のように、話しだしたのだ。

その時、「やっと話をしたね」と、娘や、夫と、顔を見合わせたものであった。

それまでは、「おなかすいた」というような、身体の要求についての表現と、「いやだ行かないで！」のような感情表現をするだけで、自分の体験したことを、長々と話をするようなことはなかったのである。

一般的には、三才位で、身体上の欲求―「暑い」「寒い」「おなかがすいた」等や、「いやだ！」というような感情表現が出来ている子を、「言葉が遅れている」とは言わないかもしれない。

保育園に、初めての子から預けているなら、これ位なら〝普通に育っている〟と思うのであろう。保母さんたちも、異口同音に「普通です」「おかしくない」と言っていたのである。しかし、私は、上の娘を、手元で、手塩にかけて育てていたので、〝どこかちがう〟と気付いていたのだ。

二、三才になれば、好き嫌いがはっきりしてきて、あらゆる事物に対する〝自分の想い〟が、明確になってきているのである。そういう時には、身近な人たちに、自分の気持ちを表現したくなるのが自然な筋道なのだ。

人見知りが強く、お母さんにだけしか、話をしないという子がいても、それは、心配はない。内向的で、用心深く、警戒心の強い子は、誰にでも、明るく話しかけるとは限らないからである。一番身近な養育者に、「自分の思っていること」「したいと思っていること」などを話すなら、充分、お話はしている子なのだ。

息子と私の心のつながりも深まり、息子がやっと、明るく話をしてくれるようになったこの頃、こんな事もあった。

息子は、お箸の使い方を教えようとしてもうまくゆかないので、スプーンとフォークを使っていた。

ある日、スーパーマーケットで買い物をしていると、息子がお箸の売り場で足を止め、ごちゃごちゃいじりはじめたので、注意しようと思っていたら、「ママ、僕にお箸買って」と言ったのである。ブロック遊びなどで指先の器用さを鍛え、自ら、お箸を使う気になったのだ。

それから、こんなことがあった。

夏の暑い日に、カンカン照りの児童公園で、息子が五、六人の遊び仲間と遊んでいた時の事である。（この暑さでは、家に入った方が良いのじゃないかしら…呼ぼうかしら…）と思って窓から見ていると、子供たちが、ザーッと、駆け込んで来たのだ。そして、冷房の効いた部屋の中で、一時間くらい遊んでいると、また、ザーッと外に出て行くのである。その一日、それを何回かくり返していたし、他の日も、炎天の日は同じであった。

忠告したり、教えたりしなくても、健全であれば、自分の肉体の生物学上の感覚に従っていて、安全なのだと、つくづく感じ入ったものである。

「一才からやり直そう」と思って、手元に置き、近くの子供たちと、毎日、自由に遊ぶようにしてあげられたのは、今でも、本当に良かったと思う。とり返せたものは大きかったと思う。

好きな遊びに熱中することで、身体機能を高めることができた。

そして、自由遊びの集団の中で、友達を持つ楽しさを知ったことは、人生を貫く貴重な体験と言えよう。

それにも増して、何よりも良かったのは、心のつながりを深めることにより、息子を躾けることができるようになったことである。

心のつながりが無いと、叱られることは、自分への全面拒否と感じられ、自分の存在の根底が、大きく揺らいでしまうのである。

恐怖心でいっぱいになり、恐慌状態に陥ってしまうのだ。

それに対し、「お母さんといると安心」と、常日頃感じている子は、躾けられると、「自分が悪いことをしているから叱られているんだ」と、受け留められるので、「自己喪失感」までにはならないのである。

もし、心のつながりがないのに、母親が子供に厳しく接するなら、内向的な子は、極端に委縮してしまい、外向的な子は、反発心、反抗心を増大させるのみとなるのだ。

共に過ごす時間が少なくて、「転んで痛くて悲しい」とか、「ぶたれて悲しい」とか、「オモチャをとられて悲しい」と言う時に、慰めてあげられなければ、心のつながりが薄くて当然である。そういう母親が叱れば、ただでさえ細くて弱い信頼の糸はプッツンと切れる。

保育所などに預けようと、手元で共に過ごそうと、母親の我が子への愛情の深さに変わりはないかもしれない。しかし、伝えられなければ、母親が自分に愛情を持っていることは、子供には、分らないのである。伝わらないのである。

私にしても、一才三ヶ月という幼い息子を保育所に預けた時に、愛することを止めたわけではない。しかし、共に過ごす時間が少なければ愛情は伝わりにくいのだ。

息子と、一才からの日々を取り戻す決心をして、多くのことを共感し、共体験することによって、はじめて、息子も、私の愛情を、「肌に感じ」「耳に聴き」「目に視た」のである。

それにより、自分の体験や、想いを、伝えたいという〝お話〟を行うようになり、私が視界にいなくても安心して遊べるようになり、皆と同じに箸を使いたいと思うようになったのである。

たしかに、いつも、そばにいて、望む通りの安心を与え続けすぎることで弊害が生まれることもある。

たっぷり愛されれば、ぬるま湯的な自己満足に、とっぷり浸ってしまうのは事実だ。そのぬるま湯から引きずり出し、〝冷たい世界〟に歩み入る力をつけるのが、「適正な躾」なのである。

いつまでもぬるま湯にとっぷりと浸っていれば、I介君の例のようになる。しかし、人生の始めは――新生児から、幼児期の初めの頃は――幸せに満ちたぬるま湯の中で安心して生きていることが大切なのだ。

I介君を、厳しく躾けられたのは、彼は、それまでに、たっぷり愛されていたからなのである。

G君にしても、母親の愛情は深かったのだ。

〝バカ〟とバカにされたG君を、母親は、〝バカなんだ〟と思っていても、G君を疎ましがったり、恥ずかしがったりしなかったのである。だから、G君は、素直な心、人を信じる心を失わないでいられた。人を信じる心がなければ、私の愛情にも応えることができなかった筈である。

繰り返し言うが、躾けられていないと勉強はできない。母（養育者）との心のつながりがなければ、子どもは躾を受け入れない。簡単な、単純な図式と言えよう。

四、自我脆弱と自我の種が無い子の違い

先に述べた「過保護のI介君、G君」の例のように、極端に過保護にすると、子どもは、「自分という中心」を形成しにくい。年齢と比べると、かなり〝幼い〟ことになる。学ぶことで、何かを内に取り込むのは「自分」なので、自分という中心がしっかりしていなければ、当然、取り込む力が弱かったり、取り込める量が少なくなるのである。表れ方として、低学力になる。

しかし、過保護は、「学習困難児」のように、放ったらかしで話しかけが少ないということはないので、言語的には、豊かに内在されているのである。そのため、このような子は、「自分という中心」さえ、強く育つと、びっくりするような進歩があるのだ。

私のよく知っている老齢のJさんの例がある。この人は、大学時代など、たいへん優秀で、社会的にも認められた仕事をして来ているのだが、小学校四年生までは、〝知恵遅れ〟と思われていたという。小学校四年の時に、なぜか、算数に興味を持ち、ちょっ

とやってみたら、すごく面白くなっているうちに、クラスで一番になったという。なんだ、こんなものかと、さらに勉強をしているうちに、誰よりも、全てに抜きん出たのだという。

Jさんは、戦前は、たいへんな金持だった家に生まれた。

〝金持ちのお坊ちゃま〟として、ばあややねえやに面倒を見られて育ったのである。ばあやや、ねえやの仕事は、〝坊ちゃま〟の面倒をみることだから、何でもやってあげるだろうし、ケガをさせまいと、危ない遊びはさせなかったであろうと思われる。

大勢の人が、交代で、あるいは、数人で面倒をみるのだから、中には、無口で職業的な人もいたかもしれないが、可愛がって、よく話しかけてた人もいたであろう。

そのため、内在された言葉の量は、決して少ないものではなかった筈である。

だから、小学四年生になって、おそまきながらも「自分という中心」が出来た時には、もともとの頭脳の明晰さが、表れたのである。

先に述べたI介君、G君が、学習面において大きく伸びたのは、「良い子」「良い子」と可愛がられていたため、多くの言葉がかけられていたからと同じである。

だから、極端な過保護が原因で学習に遅れの出ている子は、「役割分担」（お手伝い）や、「外遊び」で、自分という中心を鍛えれば、飛躍的に進歩することが可能なのである。

元イギリス首相のチャーチルだったと思うが、彼は、「学習障害児」だったと言われているが、彼の場合は、過保護的な子育てをされていたJさんの例と同じように、自分という中心──いわゆる〝自我〟──が、弱かったのではないだろうか。

今、日本国内において大量生産されつつある「学習障害児」とは、本質において違うのだ。

イギリスの貴族階級とか、富裕階級は、乳幼児期に養育係をつけるのが普通のようである。母親は、社交とかに忙しいので、育児に専念しにくいのであろう。

だから、彼の場合は、全く放ったらかしで、話しかけが無いというようなことは、無かったのではないだろうか。

言葉が、豊かに内蔵されていたのは当然であろう。また、体験も豊かであったと思われる。上流階級の子弟が、部屋の中で、テレビを見続けとは、考え難い。いろいろな人との出会いもあれば、乗馬などの訓練も受けている筈である。

そのように、多くのものを見たり、聞いたり、体験はあるのだ。

学齢になって、学習能力が低かったのは、「自分でやろうとする力」が弱かったからに違いない。

このような、過保護によって、内から外に出る力が無い場合は、「自分力」を鍛えれば良いのである。そうすると、飛躍的に本来的能力が出現するのだ。

私は、そのように、G君のような、自他共に〝バカ〟と思い込んでいた子を、たくさん指導してきた。〝自我〟さえ出来てくれれば、このタイプの子は、学習上の困難さは、どんどん解消されてゆく。

私は、過保護による〝自我脆弱〟と、過干渉にされたための〝自我萎縮〟の子を、改変して成功して来た。しかし、その手法を使ってもスムーズにゆかない子が、ある時期から、たくさん出て来たのである。世に学習障害と言われている子たちの出現である。

この子たちにも、私は、当初は、従来のやり方をやったのだった。

この「新しいパターンの低学力児」が、初めて来た時、私は、過保護によるものと勘違いしたのだ。「低学力」と、「自我が弱い」という二点が、共通していたからである。

勉強を通しても、「自我」は鍛えられる。それに加え、本人の自覚と、お家の方の協力による生活改善があると、ブレの少ない効果が、過保護タイプには得られて来たのだ。

そして、このタイプの子たちは、「自分力」さえつけば、全く問題の無い学習力を見せてくれたのである。

ところが、私が、「学習困難児」と呼んでいるパターンの子には、従来のやり方は通用しないことが、だんだん分かって来たのだ。

学習効果が出てくるためには、ただ覚えるだけでなく、自分の中で体系化してゆくことが必要なのである。その体系化―概念化、総合化―のヘタな子でも、上手に、きめ細かい手助けをすれば、それなりの体系化が出来るようになるのが従来であった。しかし、「新しいタイプの低学力児」＝「学習困難児」は、記憶力には問題がないような気がしたし、個々に理解する力はあっても、自らの内で、体系化することができないのだ。

そのため、「虫喰い学習」に、どうしても走るのだ。

それから、もう一つ、この子たちが私の指導について来にくいのは、「体系的に考えるのが苦痛なので拒否する」ということに加え、情緒性が弱かったためではないかと思う。

私は、一人の子が来ると、「私は、この子に何ができるだろうか」「この子の人生に、どんなプラスを与えられるだろうか」と、想い、願うのだ。

だから、私の出発点は、知識や理論ではなく、その出会った子を、母として、自らの子と等しく愛するということにつきるのである。

知識や理論が、子どもを育てるのではない。母親の愛情が育てるのだ。だから、知識という面では、「無知」とも言える人が、素晴らしい子を育てたり、社会的には意義ある仕事をしており、知識や教養も申し分の無い人が、とんでもない子を育ててしまったりするのである。

だから、私は、一人の子と出会った時、「母の心」で、向かい合う。

すると、子どもたちも、「子の心」で、こちらの愛情に応えてくれるようになるのだ。

それなのに、「学習困難児」たちは、そのような応え方が弱いのであった。

このような体験と、お母さん方との話し合いや、観察により、次第に、〝本質〟が分かって来たのである。

「極端な低学力の表れ」ということは同じでも、過保護によって、言葉が内在されており、情緒の発達している子と、幼児期の構われ方が少なすぎたために、発達が阻害された子は、本質において、違うのだ。

「自分という中心」が弱いのは、共通である。しかし、過保護による遅進児は、自分という中心――「自我」――さえ作れば良いので、簡単なのである。

器の中に充分溢れているけれど、その入口を開ける発動機が作動しないだけなのだ。

その発動機を作動させるのが、「意志・意欲」であり、その、意志・意欲に点火するのが、「自我」である。

過保護によって「自我」の発達が遅くなったり、弱くなっている子には、家の中では、「お手伝い」をさせればよい。そして、外に連れ出して、野山を走らせるとよいのだ。

一方で、二、三才位の「話しかけの少なさ」「かかわりの少なさ」「共体験の少なさ」によって学習困難になった子には、もっと多くのことをしなければならない。

私は、遅進児の学習指導が、一般に、どのように為されているのか知らないが、もしかすると、従来の過保護による「自我脆弱」「自我形成未熟」のための低学力と、十数年前に出現した。話しかけ不足による、「論理能力の回路の開発不全」と「色、形による世界認識の曖昧、不全」による学習困難が、混同されていることもあるのではないかと思う。

過保護の子には、なるべく、自分でやれるように、自分で考えてやれるように、いわば、〝突き放してゆく〟ようにしなければならない。

一方、いわゆる「学習障害児」には、幼児に行うような、なでまわすような可愛がり方と、共に居る時間を長く持って、一緒に遊んであげるような日々を持つことが、必要なのである。

原因が、全く違うので、対し方は、全く、正反対になるのだ。

第四章

低意欲

一、「自我萎縮」のための低意欲状態

第三章「低学力」では、養育者の過保護が、子どもの「自我脆弱」を招き、「自分力」を弱めることを述べて来た。

そして、「自分力」を高めるためには、幼児や小学生には、家事の役割分担をさせたりすることや、生活上の、「清潔の習慣」や、「他者に迷惑をかけたり、他者のいやがることをしない」という心の面での道徳心の形成が大切であることを記したのである。

さらに、躾けるためには、母子の信頼関係が無ければならないことを説明するために、私事ながら、自らの育児体験について書かせていただいた。

この第四章においては、その子自身の本来的能力が充分に発揮できなくなっていたり、自信を失ったり、意欲を失ったりしている場合と、その原因について述べてゆくことにする。

子どもの成長を鋳型にはめて見た母と、母の期待通りにならないため自信を失い、吃音になっていた子との出会いは、その子が小学校五年生の時だった。

「吃りがひどくて…」

「勉強もパッとしないんです」

と、Kさんが、私に面談を求めて来たのは、小五のK太郎君の当塾入会後、間もない頃だった。その時、Kさんは、とても明るく、三才下の妹を含めて、子供たちをよく可愛がっている〝良いお母さん〟と感じられる人だった。

Kさんの話だと、夫の転勤に従って、日本各地を二年位の単位で転々としていたという。

「それは、大変だったですね」という私の言葉には、次のように明るく応えるのだった。

「いろんな所が見れて、楽しいことも多かったです」。

「友達はすぐ出来る方なので、寂しかったことは無いです」。

「主人とは仲が良いし、一緒にいた方が、子どものためにも良いと思って、転勤について いったんですけど」。

「でも、やっぱり、K太郎には負担だったのかもしれませんね。妹の方は、全然問題無く、どこにでもなじんで、私と同じに、すぐお友達を作るんですよ」。

と、いうような話だった。

当面のKさんの悩みは、K太郎君の吃音である。社交的で気の強い妹と比べ、K太郎君は、友達を作るのがヘタで、気の弱いところがあるのだという。

当初は、私は、吃音の原因は、たび重なる転勤のためかと思ったが、話を聞くうちに、そうとも言えないと考えた。

吃り出したのは、話しはじめた頃からだという。それに、五才までは、出産や育児で母親の助けを得るために、出身地の生家の近くに住んでいたというのである。

そういうことなら、父親の不在というものはあっても、まだ、生活の大部分は母親と共有している時期であったため、吃りの原因は、お母さんのK太郎君への対し方にあるとするのが自然である。

私が「少しでも我が子に良かれと思う心が、過干渉という形になり、幸せにしたいと思っている我が子自身を苦しめてしまうことがありますよね…」などと話すと、「そうかもしれない。…そうだったんだ」と気付いてくれた。

そして、○ヵ月ならこれ位。一才○ヵ月ならこんな風…というように、学校で学んだことが頭にあるために、K太郎君が少しでも〝基準〟からはずれていると、大変あせったということである。

短大で、児童教育について学び、幼稚園教諭の資格を持っているKさんは、実務につくことなく、短大を卒業後、間もなく結婚したのだという。

「お母さま、少しでも、幼稚園とかで働いてみれば、子どもを広い目で見られたかもしれませんね。いろんな子を見ていれば、子どもの発達というのは、たいへん凸凹したものということも分かりますし。なかなか、理論通りにはならないことも分かったと思うんですよ」。

等と話すと、

「本当にそうでした。学校で勉強した通りでないと、おかしいんじゃないか、遅れているんじゃないか、何とかしなくちゃ…って、すごく、あせってたんですね」。

と、Kさんは、自分が、繊細で気弱な長男に、強く指図したり、無理に字を覚えさせようとしたことを思い出すのだった。

特に、ひらがなを覚えさせるのは、本当にしつこく、泣かせても、やらせていたことを思い出したのである。

「この位の年なら、ひらがなくらい、読めなきゃいけないと、必死だったんです。今、考えると、あんなにする必要は無かったと思えるんですけど…」

このような会話の中で、Kさんは、自分の長男への愛情が、かえって、K太郎君を苦しめてしまったことに気付いたのである。

Kさんが、「そろそろ、ひらがなでも覚えさせたい」と、思うのは、間違えではない。子どもに、必要な知育を与えようとするのは、大切な愛情の発露である。

しかしながら、K太郎君が覚えたがらないなら、いったんは自分を引っ込めて、少し様子を見るべきだったのだ。

それなのに、「これくらい、読めなきゃ、どうする！」と、必死になり、理性的な、全体を見る目を失ってしまったのである。

〝これでもか〟〝これでもか〟と、攻撃的な自分を抑えられなかったのだ。

その、Kさんのエネルギーが、内向的で気の弱いK太郎君を、さらに内向的で、自己表現力の弱い萎縮した子にしてしまったのである。

この「ひらがな」のことは一例にすぎず、その他にも、いろいろな学習を、強要していたのだった。

我が子がかわいい。立派に育てたい。と、思う愛情が、子供を思い通りにしようとした瞬間に「執着」にすり替わってしまうのである。

しかも「愛」が「執着」に入れ替わる瞬間があるのを、母親には気付きにくいのである。そして、Kさんが躍起になればなるほど、K太郎君は、吃りの、いつもオドオドした、ヘナヘナした子になってしまったのだ。

Kさんは、大学で勉強してきた子どもの発達過程の鋳型を、我が子にはめようとしたのである。たまたま、鋳型にピッタリ嵌まる子もいるであろうが、大部分の子どもの発達は、凸凹なのだ。

許容性の少ない母親の態度のため、K太郎君が、次第に、自信のない、情緒不安定な子どもになってしまったのは、自然な成り行きだったと言える。

「下の子も育てているうちに、ゆとりが出てきたんでしょうか、〝何も、あせらなくても〟って思えるようになったんですけど、でも、それは、K太郎には、遅すぎたんですね…」。

と、Kさんは、いろいろ想い起こして、K太郎君に辛い想いをさせたことを、つくづく後悔するのだった。

私は、「お母さま、今から、今日、この時から、自分を変えればいいんです」。

「K太郎君に、過干渉で悪かったとあやまり、自分も変えるから、あなたも、緊張しないで、ゆったりとした気持ちで生きて欲しいと、話しあうと良いです」。

「K太郎君は、苦しんでいますから、お母さんの話はよく分かる筈ですし、救われると思います」。

と、いうようなことを話した。

「頑張ってみます」と、Kさんは、決意して帰ったのである。

K太郎君の塾での勉強の様子について述べると、算数や国語の学習では、「分かっていても答えを書かない」「答えを書くのを躊躇する」という様子が見られた。考える力もあるし、分かっていても、〝間違いを恐れる〟ために、答えようとしないのである。

それを改善するには、「間違ってもいい」「間違えることは恥ずかしくない」ということを。心に浸みこませればよいのだ。

そのうち、「ここでは間違っても怒られない」→「間違ってもいいんだ」と、思えるようになり、心が開いて来て、明るく、自由なふるまいが出来るようになり、結果として、学習能力や成績が上がるのである。

自分に自信を持てるようになり、積極的に勉強に取り組むようになるからだ。

過干渉にされている子は、躾は良いので、「きちんと書こうとする」「注意深く考えようとする」等は、かなりそなわっている場合が多く、それが、自信を持ってくると、大きくプラスに働くのである。Ｋ太郎君も、萎縮した心を解き放すことにより、学習面でも、どんどん良くなって行った。

また、英語については、始めから、まったく吃らなかった。

私のところに吃音の子が来ると、共通して言えることは、英語の読みや、歌は、少しも吃らないのである。

なぜ、日本語は吃るのに、英語では吃らないのか？

脳や発声器官の欠陥なら、日本語同様、英語も吃る筈なのだ。

なぜ、英語では吃らないのか考えると、それは、日本語では緊張するクセがついているが、英語には、そのようなクセがないからと思われる。Ｋ太郎君の来ていた当時は、小学校の英語授業は実験段階で、彼の学校では英語の授業は無かった。そのため、Ｋ太郎君は英語については全く白紙だったのである。

だから、英語について、トラウマが出来ていないのだ。そのため、私のところでは英語が好きになり、英語の学習が楽しくなるのである。

このような中で、子どもは自信を持つようになり、英語では緊張しないので、吃らないで話したり、歌ったりするようになるのだ。

声を出すようにとか、しゃべるようにとかは、決して強要しない。楽しくやっているうちに、自分から声を出したくなるのである。それまで待ってあげることが大切なのだ。
吃音の子は、声を出すこと、話す事をいやがる子が多いのに、英語の単語を読んだり英語で応答したりすることはいやがらないのである。

吃音は、精神的緊張からということは、昔からの通説だと思うが、その通りだということが証明される事実ではないだろうか。吃る原因は、言葉を覚える時期や、発しはじめた時期に、緊張したことが多かったためではないかと私は考えている。

右に述べた、K太郎君の場合のみならず、次に述べる吃音の女の子のケースも、彼女の吃音は、強い精神的緊張の為せる業だった。

この子も、英語は吃らないのだ。そしてこの子のその他の時の吃り状態を観察すると、私立中に入れようとして成績上昇にこだわる母親への強い緊張感が感じられるのだった。
この女の子の場合、母親は、見るからに気が強そうだった。
その上そのお母さんは、私が、繰り返し、「お子さんの目の前で、成績が悪いとか、バカだとか、トロいとか、また、吃ったとか、言わないようにして下さい。いよいよ自信を無くしてしまって、少しもプラスになることはありません。お母さまの、何とかしたい、良くしたいという気持ちは分かりますけれど、そういう風では、お子さんは、いよいよ辛くなってしまいます」と言っても、それほど反省してはくれなかった。

そんな風でも、母親として、子どもに良かれと思う心はあるので、英語が好きになっていることや、算数の成績上昇を喜んではくれた。しかしながら、やがてこの子は転塾させられて、来なくなってしまったのである。

このようなタイプのお母さん方に共通の傾向で、子どもの成績が良くなったり、叱ることが少なくなったのは、なぜなのか、それを保つにはどうしたらよいか…ということを理性的に把握する力よりも、自分の価値観を子どもにおしつけたいという力の方が優先してしまうのだった。要するに、成績が上がると、「競争力がついた」と考えて、子供の心の幸せよりも、「見かけの強さ」を求めて、〝競争させる塾〟に転塾してしまうのである。その結果、どうなるかは二、三ヶ月もすれば目に見えてくるのであるが。

K太郎君のお母さんは、右に述べたような人ではなく、自分の在り方を反省し、私を信頼してくれ、K太郎君の指導をまかせ、深く感謝もしてくれた。

私が初めてK太郎君のお母さんと面談した時、お母さんの印象は、明るく、社交的な、イキイキした人であった。

子どもに、文字を覚えることを強要したような人には、少しも見えないのである。

私と合った時は、K太郎君のお母さんは、下の子を産み育てる中で、育児というものに、いわば〝ゆとり〟とでもいうものが出来て、第一子のK太郎君に必死に向かい合っていた時とは違う感じの人になっていたということになる。

私がここで言いたいことは、「吃って」と、相談に来るお母さんが、子どもを吃りにしてしまうような人に見えなくても、「過去」には、そういう人だった可能性は、大いにあるということである。だから、相談所とか、医師の所にやって来た母子からは、その子の三才、四才の頃のことを窺い知ることは難しいということを言いたいのだ。

K太郎君のお母さんは、とても正直な人なので、私に、自分が第一子のK太郎君にどのような接し方をしたか話してくれたのである。子どもを良くしたいという一心が、私がK太郎君に向ける心と合致し、本当のことを話してくれたのだ。

それで、私も、吃りは言葉を発しはじめた頃に、言葉を発することへの精神的緊張の為せる技という、私の予測を、証明する事実に出会えたのである。


男性は、幼少の頃からの片鱗を宿している人が少なくないように思うが、女性は、子どもを産み育てることで、大きく変わるのだ。

かく言う私自身も、幼い時はかなり放任的に育てられたためワガママだったし、ギャンクエイジには、男の子の集団の中に女一人混じって、東京とは名ばかりで、まだ田畑の多い郊外の野や山を走り回っていたのだ。しかも勉強嫌いで、宿題を忘れた数人の男の子に混じって立たされたりしていたし、授業中は、同じことばかりやっていて退屈で仕方なく、後方の席なのを幸いに、紙飛行機を折って飛ばしていたりしていた子だったのだ。

だから、小・中時代の私の事を印象深く覚えている人がいたら、「アイツが母性愛についての本を書いただって？ハハハ…」と笑うような人も、きっといると思うのである。私が勉強が出来たり、クラス委員をやったりしていた時のリーダーシップの事などを、信頼してくれた人もいるかもしれないが、全体的には、私は、〝まじめな優等生〟だったことは一度もないのだ。

しかし、夫を幸せにしたいという心の願いに生き、二人の子を産み育てる中で、私は、自己中心から離れ、他者に尽くせる人になったのである。

人間は変わり得る。善くも、悪くも。

だから、愛する我が子を苦しめて叱りにしてしまったお母さんが、明るく、我が子を受け入れ慈しむ人になることは、同一線上にあることで、何の不思議もないことなのだ。小学生、中学生の叱りの子と、お母さんがとても良好な関係であり、お母さんには、何の問題も無いように見えても、それは「現在」のことで、「過去」は別なのである。

子どもが、現在吃っていることと、なぜ吃りになったかということは、別に考えなければならないのだ。

今述べたように現在、子どもに緊張を与えない母親が、昔からそうだったとは言えないからである。

K太郎君については、お母さんが正直に話してくれたように、「文字」を読ませようとしたり、カメとかウサギとかを、執拗に言わせようとしたりしたことに、吃りになった原因があることに間違いはないと思う。

「ことば」を発することと、緊張感が、一体のものとなっているのである。

このK太郎君の例ほどではなくても、同様の事は普通に起こりうると思える。幼児が、もじゃもじゃ分かりにくい発音をしたりすると、「ハッキリ言いなさい！」と、イラ立ってしまう人は少なくないのではないか。

「ちゃんと話させたい」「ハッキリものを言う子にしたい」という母親の想いが、子供の発達よりも先んじていたら、子どもは、当然、プレッシャーを受けるのだ。

脳や、発声器官の欠陥なら、日本語同様に英語も吃る訳だ。

吃音の原因は精神的緊張だからこそ、英語が吃らないことによって自信がつけば、日本語も吃らなくなるのである。「吃りの子」ということを、全く、忘れてしまうくらいになる事が少なくない。

そして、それは、他所にも波及してゆくのだ。

「そう言えば、この頃、吃らない事があります」。

「そう言えば、この頃、吃りません」。

「学校の先生にも、吃らなくなったと言われてます」。

等々と、お母さま方から、報告を受けているからである。

このまま、直る子もいるが、どうかすると、かなり戻ってしまう子もいる。

もともと、根深い緊張感がある子なので、環境の変化には、脆いのである。

K太郎君のことについて言えば、日本語での吃音はゼロとまではならなかったが、ずい分と軽快し、学業にも自信を持つようになった。

それは、私の努力もあるが、何と言っても、お母さんのKさん自身が、私の助言を、よく守ってくれていたためと言える。

「勉強の事は、こちらにおまかせ下さい」。

「お母さんは、見守っていて下さい」。

という、私の言葉を、Kさんは努力して実行したのである。

ともすれば、「言いたくなる」「指図をしたくなる」「怒りたくなる」という自分を、少しでも抑えようと努めてくれたのだ。

「お母さま、すぐには出来ないです。でも言っちゃったあとで、〝また言っちゃった〟と、気が付き、気が付いたら、〝今度は、言うまい〟と、決心するんです。そうすれば、少しずつ、変える事が出来ます」。

「一日に十回を、九回に、九回を八回にというように、努力してゆくんです。言った後に気が付いたのが、そのうち、言う前に〝ハッ〟とするようになります」。

と、私は、度々、ともすれば、辛そうなKさんを励まし続けたのである。

また、どんな些細な事でも、K太郎君に「選ばせる」ことを進言した。

子どもが、過干渉にされて自分を小さくしてしまった理由は、いつも、母親が〝決め〟て結果を〝押しつける〟からである。

自分で決めたわけでも、選んだわけでもなければ、積極性を失うし、もし、良い結果が出ても、「自分でやった！」という達成感が薄いので、自信に繋がらないのだ。

そこで、どんなに小さなことでも、自分で決め、選ぶように導くのである。

過干渉による「自我萎縮」を直し、本来の、のびやかな心を取り戻させるには、「選ばせる」の一言につきるのだ。

何と言っても、生活時間を共にする時間の長いお母さんに変わってもらうことが先決である。お母さんが変われば効果は大きい。

一方、私が勉強を教える時でも、決して、押しつけないようにするのだ。プリントを渡して、なるべく今、やらせたいと思う時でも、「今やるか、宿題にするか、どちらでもいいから、自分で決めて」とか、「この所と、この所と、どちらを先にやってもいいから、自分で決めて」とか、小さな事のようだが、選ばせるのである。

また、クッキー等をあげる時も、いるか、いらないか聞いてから、「欲しい」と言う子にのみあげるし、「どれが好き？」とか聞いて、好きな物を選ばせるのである。

些細なことのようだが、子どもは「尊重されている」と、感じられるのだ。

K太郎君は、このようにして私の所に来る時も、お母さんといる時も、「自分で選ぶ」ということにより、目に見えて積極的になり、のびのびとして来た。

そして、その結果、K太郎君は、作文コンクールで表彰されたのである。作文は〝自分〟という中心がしっかりあり、なおかつ、〝書く内容〟を持っていないと、書けないものなのだ。

しかも、自信が無いと、書けないのである。

こんな風にして、K太郎君は、次第に、彼本来の輝きを取り戻すことが出来て、自信のある中学生になれたのであった。

二、「陶酔的愛情」―過保護―

子どもの学習能力や意欲に弊害をもたらす過保護・過干渉的あり方も、もとはと言えば、「愛情の強さ」のためなのである。

そして、母親は、自分の愛情が、ともすれば、我が子を損なっているかもしれない事を、薄々感じているのだ。それなのに、なぜ、過保護・過干渉を、簡単には止められないのか。

その理由は、何処までが、子どものためになる育児領域で、どこからが子どもの自然な発達を損なってしまう過保護・過干渉領域になるのか、母親に気付きにくいからである。

その根源を、「母性」という観点から分析してみたい。

人間の新生児が、他の哺乳類と比べると、未熟な状態で生み出されてくることは、よく知られている。

「生理的早産」とも言われているように、他の哺乳類なら、胎児の段階で発育しきっている部分が、未発達のまま生み出されてくるのだ。

だから、人生の、初めの一歩は、全く、「全面的依存」から始めざるを得ないのである。

哺乳類でも、食べられる側、追われる側の鹿などの草食動物は、生まれ落ちて、すぐに立つことも、歩き出すことも出来る。

それに対し、追われる側で無い肉食動物は、母親に依存して生きる時期が長い。

しかしながら、自ら乳首を探りあて、吸いつく能力は持っている。

母犬などは、ごろんと寝ていれば、生まれたばかりの子犬でも、自ら乳首を捜し当てて吸いついてくるのである。

それなのに、人間の新生児は、自ら乳首にすがりつき、吸いつくことが出来ない。

生まれたばかりの時は、乳首を、口の中に押しこんであげてからこそ、乳を飲めるのである。

赤子は、裸で生まれ落ち、「全面的に守られなければならない存在」として、この世に、生を受けるのだ。

外気温の変化から守り、飢えないように、守り育てなければならない。他の生物と比して、極端に未熟で、か弱い者として生まれてしまっているからである。

養育者の、「積極的かかわり」が無ければ、新生児は、息絶えてしまう存在なのだ。

このため、愛情があることと、「保護」し、「干渉」することが、同一次元にあることになるのである。

「守ること」と、「育てること」が不可分であり、「養育者の積極的係わり」と、「子どもの健全な生育」が、不可分の相関関係にあるのだ。

そのために、理屈抜きの、「我が子可愛さ」という本能が、母親に与えられているのである。

その、「我が子可愛さ」という本能が薄かったり、子どもに伝わらない状況がある時に、子の、健全な成育は損なわれることを、私は、「自閉」や、「学習困難」の章で詳述したのである。

子への細心の注意と、絶えざる関心、それに伴う、細やかな話しかけによって、子供は人間らしく育ってゆくことが出来るのだ。

「保護され」「干渉される」ことによって、子どもは、〝普通の人間〟に育つことが出来るのだと言える。

しかしながら、生育の様子を、つぶさに見続けながら、体験の巾を広げてあげて、自分で歩き、自分で…自分で…と意志・意欲に基づいた行動をとれる人間になれるように、養育者は、次第に「助力する側」に回らなければならない。

だが、「守り育てること」と、「自立をうながすこと」の、明確な線引きは存在しないのだ。

難しい、試行錯誤の日々によって――いわばジグザグ運動のような日々によって――、少しずつ、「守られているもの」は、「自らが自分の行動を決定する存在」になって行くのだ。

だが、過保護的要素の強い母親は、「守る」という感覚から成長しきれないのである。

「泥遊びはバッチィ」とか、「滑り台は危ない」とか、子供に、危ないこと汚いことをやらせない。「風邪をひくから」と水遊びをやらせない。

幼児期、この位なら、〝心配症のお母さん〟で済むし、次第に心配症を克服する人が多い。そういう人は、極端な過保護の母親にはならない。

しかし、中には、子供を、いつまでも、自分の手の内に留めようとする人がいる。自分の手の内にいる状態にしておきたいのは、実は、子供のためというよりも、「自分が安心していたい」からなのである。

内向的な子は、もともと、外界や見知らぬものへの恐怖心や緊張感の強い子だから、このような母親の「手の内にいる安心」を選びやすい。実は、内向的な子ほど、冒険が必要なのだが。「自他の壁」が薄くなりやすい性格なので、気をつけなければならないのだ。しかし、本人も、結局は、「母親の言いなり」になっているのが〝楽ちん〟なのである。

やがて、成長するに従って、子供の要求は複雑化してくる。すると、母親は、自分の能力を尽くして、子供を甘やかすことになる。

夕食のおかずが気に入らないと騒がれると、他のものを作り直す人もいる位である。「今日のおかずはこれだけ。気に入らなければ食べなくていい」。とかは、決して言わない。言えない。

母親としてやるべきことと、やってはならないことを区別するべきなのに、それが出来にくい人なのだ。我が子の人間としての成長を計るという理性よりも、〝自分自身の満足感〟という感情が強いのである。

私は、これを、「陶酔的愛情」と名付けてみた。

「自分が満足」「自分の気分が良ければいい。」わけだから、一言で言うと、「母親の自己中心」ということになる。

「この子の幸せのためには死んでもいい」と思うほどの愛情でも、自己中心に過ぎなくなり、我が子を損なってしまうのである。

「安全に守り育てたい」と願うのは、愛である。しかし、「我が子は、今、何を必要としているか」を、常に考えながら、理性を働かさないと、〝やってあげすぎ〟てしまい、子どもの自立を阻んでしまうのだ。

そうなると、〝身を捨てるほどの愛〟も、母親の、自己満足的、自己陶酔的「自己中心」に化してしまうのである。

過保護的係わりが強いと、子供はだんだんワガママな内弁慶になってゆくので、困ることもある。母親も時にはヒステリーを起こしたりする。しかし、その親子の葛藤が、なぜ、どこから生じるのか、理性的に考えない。そして、結局は、子供の言いなりになって、「いつまでもちっちゃくて」とか、「甘えん坊で」とグチるのである。

このような自己満足の強い、感情的情動的な人が、外向的な子を持つと、放任する。そして、生活上の自立を躾けない。

外向的な子は、関心を、外へ外へ向けてゆくので、母親の手の内に収まらないのである。すると、母親の方は、子供に、勝手にさせる他なくなる。それでいて、身の回りの世話などは、かいがいしくやり続けて、躾けないのである。

このような子は、過保護的な生活の自立阻害と、好き勝手にやるクセを、同時に内在させてしまうので、「ワガママで自分勝手な人」になってしまう

しかし、放任的子育てのプラス面もある。子どもは、自分で決めて生きてゆくので、世の中でなんとかやっていける可能性は高い。やがて、目覚めて、知性や理性を磨く人も出てくる。

ともかくも、「自分で生きる力」はある。放任されていると、「自分という中心」は、育つからである。

問題は、過保護により「自分という中心」が薄く育ってしまうと、自ら、〝学ぶ〟〝取り込む〟力が弱くなってしまい。表れ方として、「低学力」になるのである。この、過保護の実例として、第三章において、G君I介君の二例を挙げたのであり、「自分力」を鍛えるための躾の重要さと、躾けるためには、母子の信頼関係が無ければならないことを述べるために、私事ながら、自らの育児体験を綴ったのだ。

三、「執着的愛情」──過干渉──

我が子への、強い愛着心が、ともすれば、母親の自己中心の変形に過ぎなくなってしまうことは、「過干渉」も同じである。

過干渉にされていると、子どもは「自分でやる力」が弱くなるので、成績不振や、極端には、「無行状態」になってしまう。

「学ぼう」「習おう」とする能力は、人間が本然として持っているのに、なぜ、積極性を失ってしまうのか。

それは、母親が、「これをやるな」「これをやりなさい」と、子どもの行動の領域や関心の領域を、狭めたり、一本化してしまうからである。

なぜ、そうしてしまうかというと、過干渉になる人は、大方は、自信のある人で、自分の考えを〝良い〟と考えて生きていた人や、必死に育児方針を立てるように努めて、〝これで行く〟と、決め込んでいるようなタイプの人だからである。あるいは、自分自身が「不安」を抱えていて、その「不安」が、子どもの成長に向けられてしまう場合もある。

どのようなタイプにしても、その時の子どもが、〝必要としていない〟ことを、無理に押しつけて、しまうのだ。

子への愛情が強ければ強いほど、「愛」が「執着」に変る瞬間に気がつかないのであぁる。そして自己の想念の強さや、自己中心と重なり、子どものため、子どものため…と、思って言いつのったりしているうちに、子どもを苦しめていることに気付けないのだ。

この瞬間に気付いて、自分の〝暴走〟を止め、子どもの〝言い分〟に耳を傾けたり、あるいはおとなしく黙っている子の場合は、よくよく表情や様子を見なければならない。

しかし、たいていの人は、〝暴走〟を、止められないのである。

そのため、子どもは、心を小さくしてしまうことになるのだ。

「これはダメ」とか、「もっと出来なきゃダメ」とか、「この位じゃ、まだダメ」とか、ことごとく言われていれば、どんなに可能性を秘めた子でも、自信を失い萎縮してしまうのが当然である。

自信が無ければ、学習能力も落ちるし、積極性も失う。

過干渉の強いタイプの母親は、積極的で、学習能力の高い子を理想とするから、そのギャップは、いやが上にも高まってしまう。

そのため、親は、さらに、やいの、やいの言う。子どもはいよいよ、〝無行状態〟になる。

このような悪循環が深まれば深まるほど、母子ともに抜け出せなくなるのだ。

子どもへの深い「愛着心」が、乳幼児の身心を成長させる。

しかし、子どもに「自分」という中心が出来始めて来たなら、子どもには、本人が〝必要としているもの〟を与えなければならないのだ。

それなのに、その時に、子どもが必要としているものではなく、「自分が子どもに必要と思い込んでいるもの」を、母親は与えがちなのである。

我が子といえども、別な個性の持ち主であるから、自分とは〝違う〟のだ。その、違いが分かったり、薄々感じられたりしても、子どもに合わせた叱り方や、導き方が、必ずしも適切に出来ないのである。

子どもに、何が正しいか、何が良いことか、教えてゆくことは、母親として間違った態度ではない。

しかし、そこで「自分の価値」を、「子どもの価値」にしようと執着するなら、それは間違っているのではないだろうか。

なぜなら、いかに正しいこと、善きことでも、自分で求めたものでなければ、意味が無いからである。

与えられたもの、強制されたものは、自らの物となっていないことが多い。子に、方向性を示してあげることは大切だが、何を選ぶかは、子にまかせなければならないのだ。自分で選び、自分で犯した失敗なら、人のせいにすることなく、反省もできるし、向上もできるのである。

何よりも、自分で選んだのでなければ、喜びも少なく、責任感も薄くなる。だから、過干渉が強く、長かった子は、「やる気のない」「うっすらとした」「意欲の低い」時には、「何もしようとしない」人になってしまうのである。

理性も、知性もある人でも、一度、「過干渉—それに対する子どもの行動意欲の低下」というワダチに入りこんでしまうと、そこから抜け出せないのだ。「守る」「与える」という生物的本能は、母親が本能的に持っているものであり、それ無くては、子どもは育って来れなかったのだが、子どもが大きくなるにつれ、母親の生物的本能が薄まってゆく訳では無いからである。

理屈抜きの「本能」だからである。

そして、その「本能」を、社会的動物としての「理性」によって、コントロールすることが、難しいからである。

自らが「価値が在る」と定めているものへの執着心が、我が子への愛着心と重なり、

「愛情が執着に変わってしまう」のである。その執着が、我が子を苦しめ、歪ませ、萎縮させてしまうことに気付きにくいのだ。

しかし、子どもへの無関心や、薄い気持ちによって、充分な「愛情と共に与えられる言葉」が無かったり、弱かったために、自閉や学習困難になってしまう子に比べれば、改善は難しく無いのである。

過干渉によって、自分でやる力が弱く、萎縮している子どもたちは、「選ばせる」ことによって、「自分力」を鍛えられるのだ。

前節の〝鋳型にはめた母〟の部分の、K太郎君の改善方法で述べたように、「自我萎縮」の子には、自分の良いところに気付かせて、「これは出来なくても、これは出来るじゃない」と、出来ることの方に目を向けさせ、そして、学習においても、どれからやるかということを、なるべく本人に選ばせてあげるのである。また、どれだけ時間をかけるかも、本人に自由に任せるのだ。

一言で言えば、その子が、どのような子であっても、全面的に受け入れ、肯定するのである。

〝のろまな子〟の時は、その〝のろまさ〟を愛するのだ。欠点と言われるものの中に、優れた部分、善き部分が、内在されているからである。

このような心で、その子どもの存在自体を肯定するなら、子供達は、嫌いだった算数が好きになったり、トラウマの無い英語などは、大好きになるのだ。

「学ぼう」「習おう」とする能力は、人間が本然としてもっているからである。その、子への「愛着心」が、「執着心」に変わってしまって、子どもを損なってしまっている本来的な能力が、押さえつけられているのが、過干渉による低意欲状態なのだ。

だから、私が述べてきたようなことに気付くなら、母親は、自分を変えて、我が子を「尊重する」ようになれるのだ。

「何かおかしい」「間違っている」「この子がこうなったのは、自分のせい。」と、気が付くと、愛情の故に、自分を変えることが可能なのである。

私は、あるお母さまに、このようなことを言われたことがある。

「あなたがおかしい、と、皆、言うんです。私も、分かっているんです。でも、どうしたら良いか分らなかった。村山先生は、どうしたらいいのか言ってくれるんで、私も、頑張れるように思えるんです」…と。

自分の愛情が、子どもを苦しめていると知ると、子どものために、母親は、自分を変えようとするのである。愛情が古来から在り、そして未来へも続くであろう「母子の葛藤」を産み出すにしても、「子への愛情の深さ」の故に、自分を変えようと努力できるのである。

自分を変えようとしない人、目をつぶる人もいる。

しかし、真に子どもを愛しているなら、自分に気付き、自分を変えようとするのだ。

そこに、救いがあり、母子関係の変革や改革が可能なのである。

それにしても、今日の日本では、なぜ、かくも、子育てが難しいものとなってしまったのかを考えると、この、過保護・過干渉においても、その原因は、一言で言うと「豊かさ」なのである。

四、五十年前までの日本では、母親は、専業主婦でも家事労働が多く、忙しかった。また、子どもの数も多かったので、第三子、第四子第五子と、次々に産み育てるための忙しさもあったし、生活のために、幼い子を、上の子にまかせたりして働かなければならないことも少なくなかったのである。

こういう中では、いかに、母性本能が強かったり、責任感の強かったりする人でも、子どもは、ある程度は〝放っておく〟他は、無かったのだ。

時間も、エネルギーも無ければ、過保護も過干渉も生じない。必然的に、子どもは、自ら選び、自ら現状を切り開いてゆく力を身につける。東南アジアなどの、国全体が〝豊か〟と言えない国の子どもたちが、生き生きとした〝子どもらしい子ども〟でいるのは、そのためである。

豊かさの故の過保護・過干渉によって「自我脆弱」「自我萎縮」の子が、大勢、現れていたのは、私の経験では、一九八〇年代頃までと言えるのではないかと思う。

それ以降は、〝子どもの自我が弱い〟理由は、過保護・過干渉とは正反対の、子供への、「薄い関心」と、「軽い気持ち」に起因している場合が多くなって来たのだ。

しかしながら、少なくなったとはいえども、「母性本能」に根付く、過保護・過干渉は、過去・現在、そして、おそらくは未来も、続いてゆくに違いない。

第五章

思考放棄

一、「我が子」の内に形成される「見知らぬもの」

第一章から第四章まで。私は、母親の子供への対し方によって、さまざまな様相が子どもに表れて来ることについて詳述してきた。

子どもは、どのような環境のなかにあろうとも、「受け身」に生きてゆかざるを得ないのである。母親に「自分の人生の行く手を阻む存在」「好きな事をする時間を奪う存在」と、常に思われているにしても、あるいは、「目に入れても痛くない」程、可愛がられたり、より良い人生を生きて欲しいと願われて、結果として自分の気持ちを無視されるような日々を生きざるをえないにしても。

愛情の強弱や表現の多様性にかかわらず、子は、〝親〟に育てられて、人生の基本となるものを与えられるという事を否定する人はいないと思う。

母親が、子どもの乳幼児期の、大部分の時間を共に過ごした場合、自分の事を顧みて、その上で我が子を観察するなら、必ずや、自分の「影」を子の内に見出すことにやぶさかではない筈である。

乳幼児に大きな影響を与える者の中には、母親以外の父親や、祖父母などの近親者だけでなく、乳幼児の保育や教育を行う人たちもいる。

もし、子どもが、乳幼児期から、保育所などに預けられたなら、その時間の長さや、まだ自分という中心も出来ていない乳幼児の状態を考えると、預けられていない場合と比べて、何か違う部分が育まれる事は、反論の余地の無い事と思われる。

他に預けている時間が長ければ、そこで、母親や近親者に、〝分からない部分〟〝知らない部分〟が、子の内に形成されてゆくのである。

この章では、私は、母親が主たる養育者では無くて、よそに預けた場合に、子どもの内に形成される「負」の部分について述べていく。

実際に、保育所などに我が子を預けている人は、その影響は、「負」などではない。あるいは、そんな風にきめつけることは出来ないと言うと思う。

それは、確かに、一理あることだ。保育所にも、私立、公立の違いや、認可、不認可の違いがある。所長、園長の方針によって、大きな違いがある。

幼い子を、よく抱いたり、話しかけたり、あるいは、やっと歩けるようになった子を散歩にひんぱんに連れ出してくれるような所もある。また、細かい気くばりの上で、外でたくさん遊ばせるところもある。

食事について言えば、専門の栄養士や調理師が、毎日、栄養バランスを考えた多彩な料理を作るところが多いので、「なかなか家ではここまでは、自分でやれないなぁ…。」と、感じてしまう親が少なくないであろう。その上、母親によっては、その元に居るより、他者に育まれた方が、その子にとってプラスになる場合もある。

細かい所、微妙なところを加味するなら、育児のような、複雑な要素を持った事柄について、「こっちは良い」「こっちは悪い」と、簡単に言い切ることは出来ない。

しかしながら、それでも、あえて、私は、そのような、よく、心をくばった、心をこめた育児を行っている所があるにしても、「母親以上」にはなれないということを思うのだ。

たいへん深い問題を抱えた母親からは、子どもを引き離してあげた方が良いであろう。しかし、その人が、子を愛する心を強く持っているなら、例え、多少〝片寄った性格〟に見える人でも、やはり、子にとって、その母以上の存在は無いのである。

先程も述べたように、生まれ落ちてから社会人と成るまでの、一人の子をとり巻く環境の多様性から、簡単に、育児において「こっちが良くて、あっちが悪い」と言い切ることは出来ない。

「過保護」「過干渉」と、一言に言っても、どこまで保護し、どこまで干渉して良いのか、どのあたりで躾を始め、どれ位、躾を厳しくしたらいいのか……初歩の数学のように明解な、単純な世界ではないのだ。

だが、昨今の、深い必然が無いのに、乳幼児を保育所などに預けて働く事が、全く当たり前の事になっている風潮を、私は危惧するのである。

誰でもが、子を養育する上で、理想の環境を持っている訳ではない。いや、大部分の人が、収入の不足、住居の不自由をかかえたり、家事能力の欠如や、夫婦関係や家族関係の問題も抱えているであろう。

理由なしに、子どもを預けて働くのではない。理由はあるし、その理由は、世の中で許容される理由である。

しかし、白紙に生まれた人間の子を、人間らしく育て上げるのは、たいへんな、一大事業なのだということを自覚することなしに、気軽に他に預けることを考え、実行することに私は、警鐘を鳴らしたいのだ。

そして、自分が子どもを〝他所〟に育てさせたならその結果に生じるものは、親が引き受けてゆかなければならないという事を、全ての母親に自覚してもらいたいのである。

二、「あきらめグセ」と低学力

「この間の面談で、担任の先生に学習障害だといわれたんです。それがショックで…」。

「算数が全然できなくて—。時々、良い時もありますけど、ほとんど五点とか、十点です」。

「あんまり出来ないのが心配で、近所の塾に入れた事もあるんですけど、イヤがって、すぐやめちゃったんです」。

「本はよく読むんです。国語はできるんです。いつも百点というわけではないですけど、八十点位は…」。

というようなお母さんの話を聞いて、私は、小四のL子ちゃんは、学習障害ではないと思った。

「ともかく、体験学習をして下さい。一時間預かれば分かりますので。」

と、お母さんには帰っていただき、L子ちゃんの勉強を見ることにした。

L子ちゃんは、四年生の二学期になるのに、小三位のところから、かなり出来ないのである。小三の終わりには、3ケタ×2ケタのようなかけ算があるのだが、L子ちゃんは、それが出来なかった。

やり方を教えると、やり方は理解するし、やれるのである。この途中で、私は、L子ちゃんが九九を正確に覚えていないことに気付いた。

六の段以上は、かなりメチャメチャなのだから、これで、算数のテストが出来る訳はない。図形の面積のところなどは、考え方は出来るのだが、計算がメチャメチャなのだ。

「まず、九九を出来るようにしましょうね。そうしたら、ずっと良くなるわよ。学校で出来るようになりたいでしょう?」と聞くと、ゆっくりと、うなずくのである。

お迎えに来たお母さんには、「学習障害ではありません。九九を正確に覚えていないし、計算の道筋が頭の中に出来ていないので、それを鍛練すれば、必ず出来るようになります。3ケタ×2ケタのかけ算なども、やり方を教えると理解できるし、図形の面積なども、やりかたは分かるんです。数字も、きれいな字を小さくそろえて書けますし、筆算でズレることはありません。こういう子は、学習障害ではありません」と言うと、お母さんはホッとした様子だった。

指導を続けるうちに、L子ちゃんは、少しずつ出来るようにはなったが、一時間かけても、3ケタ×2ケタを六問位しかやれないというスピードの無さ、取組み方の弱さは、非常に頑固なものだった。

そんな風に、順風満帆というわけではなくても、九九は一、二ヶ月で、なんとかクリアできたので、学校のテストは、二、三ヶ月後には、六十点位取れる事が多くなったという話だった。

小学校の担任は、新学期には、別な担任になり、その先生には特別な事は言われなかったという。全く、普通の子として対してくれていると、お母さんは、たいへん喜んでいた。

新しい担任は、前学年のL子ちゃんの様子は知らないから当然である。ときどき六十点位とれるなら〝異常なほど出来ない〟わけではなく〝普通〟の範囲内に入るであろうから。

L子ちゃんは、いったい、なぜ、こんなにも算数が出来なくなってしまったのだろうか。

L子ちゃんは、過保護にされている子ではなかった。お母さんは仕事で留守が多いし、一人っ子の彼女は、一人で留守番をしている事が多いようだった。その上、学校の休み期間は、幼いながら、自分で昼御飯を作ることもあるということである。料理もやれるし、留守番もしっかりやれているのだ。

自分という中心もあり、色々な意見を言ったりできた。「好き」「嫌い」は、はっきりしていた。その上、学習面では、こちらの指導に反発することは無く、素直に学習をするのである。

話もしっかりしていて、私との応答も問題が無く、こちらの言う事を理解するし、その通りにやってみてはくれるのだ。余りにも出来なくて〝恥〟という気持ちもあるようだが、どうしても「喰いつかない」のである。少し難しいところや、分からないところが出てくると、うっすらとした「想念世界」の住人になってしまうのだ。

L子ちゃんは、一緒に学習している子が、幼稚園に行っていたということをきいた時、たいへんうらやましがるのだった。

「いいな、幼稚園で。あたしは保育園で毎日いやだった。いいなぁ。○○ちゃん。」

「L子ちゃんの保育所は、自由に遊ぶところだったでしょ？」と、私は思い当たることがあって聞くと、

「そうです。お昼寝の時は、年長の時は、算数をやりました。その他の時は、自由に遊ぶんです」と言うのである。

の？」

「それじゃ、L子ちゃんは大人しいから、やりたい事がやれなかったんじゃないの？」

「はぁい。自分がやりたいなぁと思うと、他の子がやっていたり、入れてくれなかったりして……」

「それじゃぁ、あなたは、あきらめて何もしないのね、じっとして」と聞くと、「はぁい。そういうことが多かったです」と、彼女は答えるのであった。

私が、なぜ、L子ちゃんは、自由遊びの多い保育園に行っていたに違いないと思ったのかというと、それには訳があるのだ。

そのことについて、次に詳述してゆきたい。

私は、かつて、第一子を妊娠中に、短い間だったが、学童保育でアルバイトをしたことがある。そこは、個人が、自分の家で、自分の子どもたちの面倒を見るのと一緒に、友だちに頼まれた子を預かっているところであった。保育所を卒業し、小学校に通っている子どもたちのための、公立の学童保育が無かったので、母親の一人が、周りの頼みもあって、やっていたのである。

それは神奈川県下のことで、私は、その、預かっている子どもたちの出身した保育所に、何の用事か忘れたが、何回か行ったことがあった。

その公立の保育所は、子供たちを、全く放ったらかしにしているようであった。五才位の子も三才位の子も集団のようになって、駆けずり回っていた。

一見、生き生きしているように見えるのだが、観察していると、年長の身体の大きい、外向的な、いわば、〝強い子〟が、全て、自分の思い通りにやっているのであった。

保育所の中では、食べ物の取り合いは無いと言える。食べ物の取り合いによる弱肉強食の争いは、まず、皆無と言えるであろう。

しかし、おもちゃや遊具の奪い合いは、頻繁に起こり得る。躾に方針を持っている大人が、きめ細かく指導を入れなければ、力の強い者が思い通りにふるまうことになる。

幼児にとって、目覚めている時間の大部分は「遊ぶこと」に費やされている。眠る時、食べている時以外は遊んでいるのである。

そのような状況の中で、常に、常に、力の強い子におもちゃや遊具を取り上げられたり、割りこまれたりしていれば、毎日は、辛い、つまらない日々の積み重ねとなる。

だから、同じ年齢でも、気の弱そうなタイプの子は、苦しそうな、悲しそうな表情の貼りついたような顔をして、集団の後にいた訳である。

年齢差のある遊び集団が、日本の子どもたちの中から失われたことが、子どもたちの成長にたいへんマイナスだと言われている。その通りなのだが、保育所の中で、年齢差のある子どもたちを、勝手にふるまわせるのと、近所の子どもたちの年齢差集団は、同じ物ではない。

なぜなら、近所の子ども同士の遊び集団は、それぞれの子が、自発的に集まって遊び、疲れたり、いじめられたり、悲しいことがあったら、家に帰れる場所なのである。それに比べて、保育所の中の子どもたちは、自発的に集団で遊んでいるわけではない。

近所の遊び集団の子が、家に帰ってお母さんの姿を見て得られる安心は、保育所の中では得られないのだ。そのため、いつも負けてばかりいる子は、〝負けグセ〟を、盲目のうちに形成してしまうと思われる。

例えば、先程述べたように、オモチャの取り合いがある。外では遊具の取り合いがある。一番のボスが、滑り台を気に入ったら、他の子を排除して、その子は一人占めを続ける。誰か大人の人が、「順番に並んで滑るように」言ったり、「一人占めしないで、皆で仲良く」するようにつきっきりで指導しなければ、子どもは原始的な弱肉強食の世界を作ってしまうのである。

そして、滑り台を「滑りたいなぁ」と思っている〝弱い子〟が、あきらめて、ブランコを始めると、子供なので、そのうちに悲しい気持ちを忘れて、楽しくなって来る。

すると、それを見て、滑り台を一人占めしていた〝強い子〟は、ブランコをやりたくなり、今度は、〝弱い子〟をブランコから追いやって、自分のものにしたりする。

そのようなことを、来る日も来る日も、際限なく続けられてしまえば、いつもオモチャや遊具を取り上げられる子は、いわば「あきらめグセ」を、知らず知らずのうちに形成してしまうのではないだろうか。

私は、L子ちゃんは、右に述べたような状況の中に、長時間置かれていたために、強い「あきらめグセ」を内在させてしまったに違いないと思った。

両親は彼女を大切にし、躾もし、可愛がってもいる。理解力も言語能力も高い。しかし、学習面では、どうしても充分、彼女の持てる力を発揮させられないのだ。

私が、どうしても、〝うまくゆかない〟のは、L子ちゃんの根底に、強い「あきらめグセ」があり、すぐに、あきらめて、何もやらないという方向に、心がハマってしまうからではないかと感じた。

☆自分の遊びたいオモチャは他の子が使っている。貸してもらえない。

☆自分の遊んでいるオモチャを、取り上げられても取り返せない。相手の方が力が強い。気が強い。

こんな中では、穏やかだったり、優しかったりする子は、いつも負け組なのである。外向の子でもおだやかで優しい性格の子は同じである。そして、取り上げられるたびに、すぐにあきらめるクセを、〝苦しまないため〟に自分でも気付かないうちに作ってしまっているのであろう。

一度、二度、一日、二日とかではなく、もっとも活動的な時間帯を、長い時間、長い日々、長い年月にわたって、先に述べたような、「弱肉強食の檻」の中に置かれ続けるのだ。その檻の中の、弱肉強食の度合いは、様々であり、激しいところもあれば、それほど強くない所もあるであろうが、子どもの人格形成において、大きな影響を与えることを否定できないことは、誰にでも分かることと思う。

仕事を持ち、幼い子を保育所に預け続けた女性で、自らの子の、学習意欲の無さ、人生への意欲の無さで悩んでいる人は、私のこの文を読んで、「ああ、そうだったのか」と感じるのではないだろうか。

教育のある女性は、保育所には預けていても、家に帰れば、可愛がり、知育玩具もたくさん与え、絵本も買ってあげたり、寝る前に読みきかせをしたりもしたであろう。いろいろな体験をさせたくて、旅行にも、たびたび連れて行ってあげたりもしているはずだ。

母親も父親も必死に働いている。その姿を子どもが知らない訳でもない。しかしながら、どんなに勉強に心を向けさせたくても、親の望む程の取組み方はしてくれないのである。

低学力、低意欲については、第四章までにその原因を述べてきたが、その範疇に入らない子がいる。その原因は、この乳幼児期に形成した〝あきらめグセ〟なのだ。そして、そういう子こそ一番、学習指導に苦労を伴うのに、教育力が及びにくいのである。

両親には、なんで、こんなにやる気を出せないのか、不可解であろうが、全て、原因があってこそ、結果が表れるのだ。母親が子育てよりも、「外」にエネルギーをかけるなら、子どもの心はエネルギー不足によって、発育不良になるのは自明である。

その心の傾向が、低意欲・低学力という形になるのだ。

「うちの子は、保育園に入れていたけど、全然、そういう傾向は無い」という人もいるだろう。ここで述べているのは、内向的で繊細な性格の子に形成される傾向なのである。

外交で、力を外に向けるタイプのいわば〝いつも勝っている子〟だと、これとは違う傾向が形成されるのだ。それについては後述することにして、ここでは、もう少し、「あきらめグセ」の為せる事例について述べてゆきたい。

三、「あきらめグセ」と低意欲

先に述べたL子ちゃんのあきらめグセは、学習面で、〝人後に落ちる事〟がなくなってもそれをはずみとして、自信に満ちて積極的に生きる方向への壁になっていた。ここでは、学習面でどうしても伸びなかったM夫くんについて述べてゆきたい。

M夫くんには、身体障害児の兄がいた。お母さんの話では、M夫くんは、一才前から保育所に通っていたという。

「M夫くんを保育所に入れたのは、お兄さんのことが大変だったからですか?」と、私が聞くと、お母さんの答えはこうであった。

「いいえ、お兄ちゃんはお昼の間は施設に通わせていたので、M夫のことが見られなかった訳ではないのです。ただ、お兄ちゃんがこうだから、M夫は、早く自立させたいと思って、入れたんです」。

「お母さん、それは間違えですよ。母親の元で、のんびりと暮していてからこそ、大きくなると、自分で離れていけるんです。それに、お母さんがお兄ちゃんの面倒で苦労しているのを見ていたり、お兄ちゃんの介護を手伝ったりしていれば、お母さんの力になりたいと思ったり、これこれの仕事に就いて、お母さんの役に立ちたいとか、人の役に立ちたいとか思うようになるんです」。

と、私が言うと、お母さんは、このように反論するのであった。

「お兄ちゃんの事で、M夫が普通の子と違うようにはしたくなかったんですよ。周りも、早く自立させた方が良いと言うので」。

と、お母さんは、自分のした事は正しいと思い込んでいたし、私の言う事の真意は分からなかった。だから、日常生活上も、M夫くんにはハンディを与えたくないと、お手伝いをさせたりしないで、のんびり暮させている様子は、聞くまでもないことだった。

私が、M夫くんのお母さんに、幼児期について聞いたのは、小四のM夫くんに問題があったからである。

私の塾はきめ細かく教えてはいるが、子供が、やがては自分でやってゆけるようにするために、教える中で、少しのハードルを設けておくのである。

理解力に遜色はないのだが、M夫くんの学習態度には問題があるのだ。

M夫くんは、算数、国語、英語、どの教科においても、少し難しいところが出てくると決して考えようとしないのである。M夫くん位の能力なら、ちょっとした手助けでクリアできるところが、出来ない。しようとしないのである。

そのような学習態度では、彼自身の持てる能力がギリギリ発揮できないのは自明である。

しかも、小学生の時は、内容も、それほど難しくないので、何とか、〝普通〟位には出来たが、中学生になると、どうかすると、「じっと座っている」時間があったり、眠ってしまったりするので、成績は低迷せざるを得ないのだった。勉強は、常に、身につけるべき新しい知識の出現の連続なので、本人に取り組もうとする意欲が無ければ、こちらが如何なる教え方をしようとも、優しくたしなめようと、叱咤しようと、その効果はゼロに近いのである。

私たちに反抗しているのではない。気立てもよく、おとなしいし、他の子に害を及ぼす子ではなかった。

M夫くんの父親は、いわゆる有名大学を出たエリートで、身体障害の長男で苦労している母親は、私の感ずるところでは、しっかりした方であった。障害児を持ったハンディに打ちひしがれまいと、心を強く持っている様子で、きちんとした日常生活を送っていると思われた。

M夫くんを躾たり、知育をする努力はしていたに違いない。だから、忙しい中、学力の低さを心配して私のところにやってきたのだ。

それに、私たち（私と夫）も、M夫くんには、一通りでない手のかけ方をしていたのである。いつも、M夫くんを厳しい現実の中でも自分を磨く人に育てたいと、心を尽くして来ていたのだ。

それなのにM夫くんは、大きく変わってくれることは無かった。

私が、M夫くんが、非常に根深い〝あきらめグセ〟を持っているのではないかと思い至った出来ごとに、こういう事があった。

まだM夫くんが小学生だった時、国連英検のジュニアテストをやった時のことである。当塾を会場として、何人か、他の子と一緒にやったのであるが、M夫くんは、実力から言えば正解率は八十パーセント以上であろうに、何と、二十パーセント位しか出来ていないのだ。問題用紙を検討すると、少し難しくなった所で、考えるのをやめてしまったようである。なぜなら、それ以降のところは、ほとんど、白紙なのである。所々に•印はあるが、それは「お義理」のようなやり方であり、皆、不正解であった。

M夫くんの様子がおかしいのは気がついていたが、CDを止める訳にもいかないし、M夫くんに注意する訳にもいかない。その結果が二十点以下という得点である。分からない問題が出来た時に、そこで取り組むのをあきらめたのであろう。普通の子なら、たとえ分らないところに出会っても、すぐに気をとり直して次の問題をがんばるのだ。ただ「自信が無い。」とか「適当にやる性格」ということを超えて、強い「あきらめグセ」を感じた出来事である。

やがて、中学生になったM夫くんには、お母さんの大変さを話たり、お母さんのためにも、頑張って勉強するように言ったりしたが、大きく心を動かされることも無く、自分を変える事も無かった。

お母さんに詳しくきくと、M夫くんの行っていた保育所は、公立のところであったという。

二才過ぎになると、「行きたくない」と言うのを、「強くしなきゃ」と無理矢理、送り届けたそうである。

そして、そこでの様子を聞くと、私の予測した通り、「子供たちは、一日中、自由に遊んでいましたよ」という話であった。

○才、一才、二才という幼い子を一日中、自由に遊ばせているということは、言葉を替えると、好き勝手にやらせているということである。私が前叙した〝弱肉強食集団の檻〟の中に、M夫くんは長時間（朝から夕方まで）長期間（一才になるかならずやという年齢から、小学校に入るまで）居たのである。

気立てのやさしい、どちらかというと内向的なM夫くんは、いつもオモチャや遊具の取り合いでは負かされて、泣いていたり、あきらめてじっとしている子のグループの一員だったに違いない。

M夫くんのお母さんが、我が子に望んだのは、「自立した強い子」になる事だった。

〝自立した強い子〟になってほしいというのは、困難にぶち当たった時、メソメソしないで、自分なりに乗り越える方法を考えて、前進できる子になって欲しいということであろう。

その願いは、親たるもの、至極、当然のことである。

私自身も出会う子どもたちの全てに同じような願いを持っているし、社会参加ができるように知識習得の手助けをしているのが、私の仕事なのだ。

しかし、泳がせたくて、浮く事も出来ない子を水に投げ込めば、その子は、水死するのだ。もちろん、投げ込んで、泳法を覚えさせようとしてやることだから、溺れる前に抱き上げるだろうが。

水に投げ込まれて、溺れそうになった経験を持った子は、水を非常に怖がるようになるのがオチである。実際に、小さい時に無理に水に投げ込まれてから、水が恐くて水泳が出来ないという人は少なくないのだ。

スイミングスクールなどでは、初めは、水に馴らす事から始めると思う。はなから、水に投げ込むということは皆無と思われるが。

人間は、必ず泳げる動物だが、それには水に馴れ、浮くようになる等の、前段階が必要だからだ。

〇才、一才、二才という乳幼児を、朝から夕方まで保育所に入れておくということは、泳げない子を水に投げ込むのと同じ事をやっている事になるのである。

人間は「言葉」を介して、他者と交流することによって社会生活を営んでゆく存在なのだから、まだ、「言葉」も充分内在されていなければ、「自分という中心」もはっきりしていない乳幼児を、「集団」という「社会」に投げ込むのは、乱暴な事なのである。

同年齢の子と、一緒にいて、自分は一緒に遊んでいるつもりかもしれないが、まだ、交流して遊べない段階（平行遊び）から、言葉と心の発達に伴って、他の子と、オモチャをやりとりしたりして、一緒に遊べるようになるなど、少しずつ、長い時間をかけて育んでゆくのが、子育ての常套なのである。

保育所の中の〝自由な遊び〟の中では、右に述べたような発育部分もあるにしても、それとは違う心のクセも作ってしまうのだ。

特に男の子に多いが、自分の気に入ったオモチャで、長時間、自分流に、自分の世界で遊ぶのが好きな子がいる。

こういう子には、好きなだけ、好きな事をやらせてあげなければならない。遊びに集中出来ることと、学習に集中する力とは、全く同じものだからだ。遊びながら、いろいろ考えだしているから、思考力も高まるのだ。

家から連れ出され、自分の好きなオモチャから離され、好きな遊びが思い切り出来なくなり、しかも、何とか見つけた楽しそうな事も、いつも、割り込まれたり、横取りされ続けるなら、毎日は、辛かったり、つまらなかったりする日々となるのだ。

厳しい〝せめぎ合い〟は、おとなしい、内向的な子には、〝苦しみ〟なのである。

逃げることが出来ないため、「あきらめグセ」を形成してしまうのだ。そして、その「あきらめグセ」は、長じて、学習上では、〝思考放棄〟として表れるのだ。

M夫くんは、一才になるかならぬかという幼さで、保育所に入っていたために、母親の望む「自立した強い子」になるどころか、ちょっとした障害物でも乗り越えようとしないであきらめてしまい、よく考えるべき所で思考放棄してしまう子になってしまったのだ。

思考放棄する子は「意志の弱い子」に見える事がある。でも、思考放棄は意志の弱さとは違うのだ。

過保護によって自分という中心が弱いと、学習に積極的に取組むことは出来ない。過干渉によって、自我の萎縮している子も意欲的である訳がない。

しかし、この両者は、自分という中心を鍛えたり、自信をつけさせ、自分を解放してゆけるようになったりすれば、グイグイと成長して行けるのである。

それなのに、まだ自分という中心が無い時代。環境から、あらゆるものを無差別に、無選別に受け取って自らのものとしてしまう時代。このような時代に、内に形作ってしまったものは、本人は、決して自覚することが無い上に、強烈なクセになってしまうため、如何なる教育力も、及ばないのである。

次に挙げるN君の例を読んでいただければ、このクセは、どんなに根強いものなのか誰にでも分かるのではないかと思われる。

四、「あきらめグセ」と逃避

中学二年生のN君は、気立ての良い子で、学習指導にもよくついて来る点においても、問題の少ない子だった。

それなのに、学習面では、基礎の欠陥も補えたので、これから！と、私が思っている時期に、「やめたいと言っている」とお母さんが駆けつけて来たのである。

「この子はね、どうしてか、何かを始めてもすぐやめちゃうんです。すぐ、あきらめちゃうんです。二年で部活を変えたんですけど、喜んで行くようになって安心してたのに、たいして理由とも思えないことで、やめちゃったんです。そして、塾までやめるって。いったい何でこうなのか…」

「この前の火曜ですけどね、雨ですから、車で先生のところに送って行ったんです。そしたら、三十分もすると、歩いて帰って来たんです。訳を聞くと、『席がいっぱいだった』とか、『先生も、後ろ向いていたし…』とか、言うんですよ。」というお母さんの話だった。

「どうして帰ってしまったんでしょうね。N君の来た時間は、夫と二人おりましたし、生徒は十名たらずでした。席は十八席ありますから、いくらでも座るところはありましたのにね…」と私が言うと、

「そうですか…。それに何も、部活をやめるからって、先生の所までやめなくたっていいと思うんですけどね。いったい、なんで、あんなに、すぐ何でもやめるのか、わけが分りません。」

と、N君のお母さんは、我が子ながら、どうにも理解出来ないという悩みを、訴え続けたのである。

N君のお母さんは、公務員で、三人の子は、全て、生後三ヶ月位から、無認可、認可と、二ヶ所の保育園に通わせていたということであった。N君はその三人の末子である。

彼は、「自分」はある子だった。勉強面も、極端に何かがまずいということもなかった。意欲は弱い方だったが、学習困難の要素は見られなかった。おとなしくて、気立ての良い子で、それほど手のかかる子ではなかったのだ。

N君のお母さんは、公務員としてフルタイムで働いてた。外向的で、何でもずばずば言う人であった。メチャメチャ忙しいということもあって、子どもたちは、放任的に育てたと言う話である。

お母さんが過干渉的なために反発しているというわけではない。

では、どうして、N君は、ほんのわずかの困難、ほんのわずかの障害を、乗り越えようとせず、瞬時にあきらめるのだろうか。

それは、目の前に「壁」があるのに気付くと、すぐに、「壁だ。もう前に進めない。」ときびすを返して引き返すという行動様式と言える。

〝普通〟の人は、「どこかに門があるのではないか。」とか、「どこかに切れ目があるのではないか。」とか、「どこかに低い所があるのではないか。」とか、試行錯誤するのではないだろうか。

N君は、極端に感情的、爆発的ではなく、普段は、あいさつも出来るし、行いも理性的だった。しかし、困難が目の前に出てくると、サッとあきらめてしまうのである。

L子ちゃん、M夫くんの例でも述べたように、N君も、まだ「自分という感覚」が無かったり、薄かったりする何も覚えていない時期に「あきらめる」クセを、無自覚に形成してしまっているのではないだろうか。

それは、本当に幼い頃であり、本人にその頃の日々の記憶は無く、そのため、そのクセは、ほとんど「自分自身」のようなものとなるのではないかと思われる。

先に例に挙げたL子ちゃんのように幼いころの保育所時代を、鮮明に覚えていて、その頃の自分の置かれた状態や心の状態を、他者に分かるように表現出来る子は稀で、大部分の子は、よく覚えていないのだ。

私の体験では、半年、一年と学習指導をしている中で、全く理解することが出来ないとか、全く教えられた通りにやれないという訳ではないのに、どうしても低迷し続ける子がいる。

俗に、「箸にも棒にもかからない」という言葉ある。この言は、うどんなどを、箸で持ち上げようとしても、ズルズルと、滑り落ちてしまい、棒は言うに及ばず、箸にも引っかかることもない…という様子を、言い得て妙と、私は思う、

まさに、学習上、「箸にも棒にもかからない」ような子がいて、その子の幼児期のことを聞くと、○才から保育所という事が百パーセントなのだ。

○歳から保育所に入れれば、全員がこのような表現をせざるを得ない子になると言っているのではない。私の体験上、学習面で、どんなにエネルギーをかけても、いかなる深い愛情を与えても、どのような学習指導のテクニックを行使しても、どうしても通じない子は、○才とか、一才前後から保育所に行っていたという子だったと言っているにすぎない。

N君にしても、生後三ヶ月から保育所に入っていても、「箸にも棒にもかからない」ような子では無かったのだ。彼は、特に意欲的と言えないまでも、塾に来れば真面目に勉強していたし、成績は上位ではなくても平均位はとれていた。

大きい問題を抱えているとは感じられない子で、理性、感性には全く問題ないのだ。だが、お母さんの話をきくと、N君の心の奥底には、本人さえ気付いていない強烈なクセが在ることになる。

このクセを自覚して修正することは、N君にとって、大切なことと思い、私は次のような手紙を、N君と両親宛てに書いた。

◇◇◇◇◇◇N君への手紙◇◇◇◇◇◇

前略　いつのまにか真冬のような寒さの朝になりましたが、お変わりなくお過ごしのことと存知ます。

一学期の期末テストの結果も待たずに、N君が当方をおやめになってから、もう五ヶ月になります。考えて見ますと、在塾期間も、四ヶ月位と短かったですね・…。

今回お手紙をすることにしたのは、このことを言っておくことが、N君にとっても、両親にとっても、将来にわたって大切なことではないかと考えたからです。

私が考えましたところ、N君には、強烈な〝あきらめグセ〟があると思われます。

なぜ、部活でゴタゴタがあったからといって、塾も切り捨てなければならないのか――。そして、その少し前のことですが、塾に来たけれど、私たちが、N君が入室したのに〝気付かなかったから〟と、帰ってしまったという件がありましたね。

他のお子さんに教えている最中や、後ろを向いている時に、生徒さんが来たことに気付かないことは多々あります。

しかし、そのために帰ったお子さんは皆無です。どこか、空いている席に座ります。そして勉強を始めています。N君が帰ってしまったという日も、座るところがゼロということはないのです。ただ、いつも自分が気に入って座っているところに他の人がいたということと、多少は混みあっていたということです。席は十八席あって、生徒の人数は、主人と二人のときでも、最大限で十二名までです。たいていは、二人で教えている時でも、五、六名から七、八名位までです。

この時、N君は、「先生にあいさつをして、自分の来たことを知らせる」「座るところを捜して決める」などということを、〝あきらめた〟のです。

すぐに「あきらめる」「やめる」という方向に強烈に心が向いてしまうのです。

私は、そのクセは、幼児期(一～三才位のとき)に保育園の中で、いつも「おもちゃをとられる」「遊具にわりこまれてとられる」ということをくりかえしやられ、その時〝あきらめる〟〝あきらめる〟というクセを形成したのだと思います。そのクセはまだ、「自分という中心」がはっきりしていない時のことなので、少しも覚えてはいないのですが、心の底に強い〝クセ〟になって存在し続けているのです。

幼い子にとっては、保育園は、弱肉強食の檻の中のような所です。「食べ物」は、保母さんなど、大人が管理していますから、きちんと行きわたらないということはありません。しかし、おもちゃや遊具は、人数分はないのです。楽しく遊んでいる子の遊具を力の強い子が押しのける。そして、押しのけられた子が、他の遊びを見つけて、再び、楽しく遊び出すと、またもや、強い子がちょっかいを出して一人占めする。そのような事が、繰り返し起きるのです。保母さんがそのようなことに対して正しく対応しているとは限りません。その結果、力の強い、他の子に思いやりのないような子は、いつも〝勝者〟となり、気だてのよい子は〝負け犬〟になるのです。

〝あきらめるクセ〟は、そういう葛藤の中で、自分の心の中に苦しみを作らないための、自衛なのです。あきらめなければ、憎しみや恨みになってしまいます。

気だてが良くて、他の子をぶったりするのが嫌いな子は、いつも負けたままなので、〝あきらめグセ〟を作るのです。

幼児期にあきらめるのは「おもちゃ」や「遊具」ですが、長じては、さまざまな厳しい状況があらわれます。その時、普通の人なら、ゆっくり考え、何か、そこを抜け出せる方法はないか考えたり、助けてくれそうな人に相談したりすることを思いつくのですが、〝強烈なあきらめグセ〟は、一瞬にして、全てを捨てることにするのです。

幼児期に、〝あきらめること〟で、心の平衡を保ったように、このクセは、葛藤に陥るときに、「全てをあきらめる。捨てる。」という方向に導いてしまうのです。

N君のことを全て知っているわけではありませんが、私は、このような子を他にも知っています。そして私は、これは生育暦によるもの、しかも、たいへん幼い時期に形成されたものであることを確信しています。

私が、この手紙を書いたのは、N君に、自分がそのような心のクセの持ち主だということを知ってもらいたいからです。

そして、これから幾多の厳しい人生の壁に直面した時に、パッと、「あきらめる」「捨てる」ということをしないでほしいからです。

ゆっくり考えれば、自分を愛してくれる人、支えてくれる人はたくさんいることに気付く筈です。ゆっくり考えれば、「これはダメかもしれない。でも、こっちのことはこういう風にやってみたらどうだろうか」などと、考えられる筈です。

お父さま、お母さまにも、N君の心の動きに配慮して、N君が建設的に人生を築き上げられるように、心をくばっていただきたく思っています。そして、N君に「ほら、また、あきらめグセが出ている」などと、助言して欲しいのです。

N君が「あきらめグセ」を克服し、積極的な、建設的な人生を歩むことを願ってやみません。

N君と、そしてお家の方々の幸せを願う心によって、この手紙を書きました。

草々

◇◇◇◇◇◇◇◇◇◇◇◇◇◇◇◇◇◇◇

「あきらめグセ」「負けグセ」を内在していることを知っているなら、あきらめそうになった時に、ハッと気付いて、マイナスの行動をとることが無くなるのではないかと、私は思った。

そのために、この手紙を書いたのである。

自分を知っているのと、知らないのとでは、人生は、大きく変わると思うからだ。

五、隠された人間不信

ある日、ＴＶを見ていると、東京の浅草の交番は、行方不明の子供を捜しに来る人たちが引きも切らず、忙しいということを特集していた。

なぜか浅草に、両親が息子の行方を捜して来るケースが多いというのだ。

浅草に来るのは、なんとなく、そこら当たりに居るのではないかという〝あてずっぽう〟らしかった。

何とか学業も終え、社会人に成ることも出来たのに、なぜ、突然、失踪してしまうのか。

ある若者は、大学を出て、地方の公務員として働いていたので、両親も安心していたところ、全く、理由も分からずに、失踪してしまったのだという。

このような、突然、失踪してしまう若者が少なくないということを、新聞記事でも読むにつけ、私は、これは、「あきらめグセ」による「思考放棄」の成せる業ではないかと思っている。

なぜ、行き詰まった時に、「どうしたらいいだろうか」「何か打開する道はないだろうか」と、普通の人が、よくよく考えて悩み、身近な人に相談したりするところを、すぐ、あきらめるのか。理性も知性も不足のないような人だから不可解なのだ。社会に出れば、自分の思い通りになることや、さして苦しまなくても背負えるような事ばかりとは限らない。むしろ、苦難、試練の連続と言えるであろう。

そのような時に、強烈な「あきらめグセ」の持ち主は、誰かに相談したり、乗り越える方法をゆっくり考えないで、何もかも〝あきらめる〟〝捨てる〟〝姿を消す〟というような行動様式をとってしまうのではないか。

ここで、特筆しておきたいことは、このクセは、本人にも、周りの人（両親など）にも、分かりにくいということである。

母親が過保護であったり、過干渉であったりするための育児の歪みは、母親には、良く分かる筈である。それは、自分が我が子の内に創ったものだからだ。

しかしながら、保育所などに預け、我が子が、あらゆる時間をどのような心ですごしているか分からないうちに形成されてゆくものは、例え母親であっても、分からないのである。

その上、この「あきらめグセ」は、必ずしも、学習放棄と重ならない。

なぜなら、子供の、成長する力や学習しようとする力、――肉体を育てて、脳を育てる力――は、本来的にそなわっているものだからである。だから、全く学習しないということは無く、いくらかは身につくから、「普通の子」としてすごしている場合が多い。

なぜなら、例えば、5がとれる子が3であったり、4をとれる子が2だったりしても、通常はその子は「3の子」とか、その子は「2の子」と思うからだ。

その子の本来の力を発揮できないための「3」なのか、「3」が上限の子なのか、普通の人には分かりにくいからだ、そして、例え「あきらめグセ」が根底にあっても、小学生以降、スポーツで自信をつけたり、また、学業面でもある程度は出来たりすれば、〝立派な社会人〟として通用する若者になれるのである。

そういう中で、さしたる厳しい試練が無く、穏やかな人生を送り通せる人もいるかもしれない。

しかし、もし強いあきらめグセを持っている人が試練に会えば、事情は変わってくるのではないか。

〝普通の人〟としてやっていたのに、突然、自分と深い係わりのある人――両親、恋人、兄弟姉妹、親友など――に、何も言わずに失踪してしまうなら、それは、その人の深いところにある「クセ」が、強い形で、出現してきたと言えるのではないだろうか。

「どうしたらいいだろう」「こうしたらどうだろうか」と考えられないのだ。

普通の人が「よく考える」ところで、考えることを放棄するのである。

この「思考放棄」は、「苦しいから考えるのをやめる」というような自覚的なものではなくて、全く、無自覚のうちに、「あきらめる」「やめる」という心の働きが一瞬のうちに働いてしまうのだ。そして、行動は、その心のクセに引きづられてしまうのである。

カントの言う、「二律背反」から「判断中止」するというような理性の働きではないのだ。

理性ではなく、無自覚の衝動的な現象であり、一度、そのクセにはまると、無自覚だけに、客観性を失うのである。

そして、私は、このような行動をとってしまう人の根には、深いところに「人間不信」があるのだと思う。

「お母さん、僕を連れてゆかないで」

「お母さん、僕を置いてゆかないで」

「お母さん、あたしのこと見て」

このような幼い子の心の叫びを無視し続けて、長い時間「母親不在」の時間をすごさせてしまえば、「母親への不信」が当然、子の心に巣喰うのだ。「誰も頼れない」と思うのである。

ついこの間まで母親の胎内に在り、いわば母親の一部であったのに。生まれ落ちてからも、百パーセント依存し続けていたのに。それなのに、自分は、いったい誰を頼ったらいいのか…。

幼い心は傷つき、悲しむのだ。

しかし、余りに幼く、まだ「言葉」によって自分の心を分析したり、表現したりすることの出来ない時期のためその人間不信は、本人には自覚されないのである。

この、言葉の発達する以前の人間不信は、小、中学生以上で作る人間不信とは、違うのだ。例えば両親が離婚してしまうとか、あるいは、家庭の経済が立ちゆかなくなって世間から冷たくされたりして人間不信が深くなることがある。その場合は、本人は、自分が何に傷つき、何によって苦しむのか、その原因を知っているのだ。そして、小、中学生以上の年令であれば、何らかの結論を自分なりに決めるであろう。

しかしながら、幼児期に内在された人間不信は、長じて、友達関係も豊かだったり、家族との折り合いも悪くなかったりして、健全なる子供時代、青年時代をすごしたとしても、その内奥から、無くなる事はないのだ。

そのため、厳しい試練の時に、――厳しい選択を迫られた時に――自分を他者に開き、投げ出す事は出来ないのである。

だからこそ、極端な例では、蒸発、失踪、場合によっては自殺…と、なってしまうのだ。

第六章

反省放棄

一、弱肉強食の檻の中の勝者

第五章において、私は、保育所で形成される「あきらめグセ」が、後々、その子の学習能力に大きな負の影響をもたらすことについて述べて来た。

一方で、「勝っていた子」はどうかというと、学習面では、大きな負の要素は見られないように思われる。

自分で思い通りに遊べていたということは、自分の意識が薄くなることもないし、目的意識の強い子になれるからだ。

このタイプの子は、自由にふるまえる保育所は、好きであり、イヤがって泣くということは無かったと聞いている。

それでは、人間として生きてゆく上で、問題が無いかというと、そうでもないのだ。家庭の教育力が弱いと、こういう子の自分勝手は放置されがちである。すると、自己中心的発想は是正されることはない。

また、もし、母親が自分の子に問題があると思って直したいと思っても、母と子の心のつながりは、保育所に預けていれば弱くなるため、母親は自分で思った通りには躾られないのだ。

そこで、もし、この「勝手気ままにふるまう」「他者の立場を思いやらない」という傾向が非常に強い子が小学生になると、そういう子は周りの子供たちとは、仲良くやってゆけなくなる。

「孤立」「孤独」が待っていても、その原因は、自分には分かりにくいのである。人間として産まれて来るなら、人と、混じわることに歓びを覚えるのが本来的な姿ではないだろうか。本心は、皆と、仲良くやりたいのである。しかし〝自分は良い〟と思っている強者なので、自分が変わろうとはしない。

彼等自身も、周囲となじまないことに、傷ついているのだ。そして、その傷ついた心の故に、周りを無視することにするのだ。

この、極端に自己中心的な子は、過度の放任育児によっても生み出される。専業主婦の家庭でも、細々とした心遣いが無ければ、子どもの自己中心は強くなるからだ。

人間の自分の身体を維持しようとするエネルギーは強いものなので、子どもは、本来、自己中心的なものである。それを、社会に同化させるのが躾であり、躾が、子どもの内に、自らの行動への「反省力」を育てるのだ。

「反省力」の育っていない自分勝手な子が、学習に関心を持たない場合がある。親が、勉強をやらせたくて各種の塾に入れたりしても、自分勝手にしたいから、結局は、長い期間は通塾しない。学校でも、勉強に関心がなければ、騒いだり、うるさくしたりするであろう。

この外交的で勉強に心を向けない子については、機会を改めて書かせていただくとして、ここでは、学習能力や学力に問題はなくても、極端な自己中心のため、社会に同化しにくかった子どもたちについて述べてゆくことにする。

二、オタク「自分的世界」

中三のO君は、決して、私たちの指導通りの道筋で学習しようとしない子だった。例えば、英語について言うと、来ると、必ず「対訳ノート」を展げてやり続け、他の部分には目もくれなかった。なぜ対訳ノートばかりやりたがるのか聞くと、「英語を日本語に置きかえるのが好きなんです」と言う。

英語の学習法の一つに、対訳ノートを作るというのはあるが、文法や、細かい規則を押さえたり、例外的な事項を正確に覚えるなど、様々な角度で迫る必要があるのが、英語の学習の常道だ。対訳ノートだけでは、英語習得に限界がある。しかし、あながち、邪道とは言えない。

そのため、本人が好きでやっているなら、〝やっていけないこと〟ではないから、個別指導、個性に合わせた指導法をテーゼとする私のところで、禁止する理由は全くないので、O君の英語の時間は、対訳ノートに埋めつくされるのであった。

英語以外の学習においても、O君は、人の言う事を受けつけない子で、どの教科も、自分流を押し通す姿勢を少しも変えなかった。

態度から言うと、普通の人は〝不快〟に思うのではないかと思う。しかし、こちらが彼を受け容れてあげれば黙って勉強しているので、彼の居場所は、私のところにはあったのである。

だが、自分勝手にやっているし、こちらのアプローチを拒否するなら、見守っている他ないのに、それは、それで、不満なのだ。

そこで、彼は、わざとらしい質問を時々するのだった。

塾内では、同じ学校の同学年生もいれば、同じ部活の子もいるのに、あいさつを交わすことは無かった。

他の子の顔も見ない。入室しても、私たちに挨拶もしない。さっさとどこかに座って勉強をはじめる。こちらが、「O君、こんにちわ」とか、「今日は雨ふりで、自転車たいへんだったわね」とか、声をかけると、顔を少しあげて、こちらの方は見ないで「はい」とかだけは言い、下を向いて自分のやっている事を続けるのである。

O君の、人との心のふれあいを拒否し、自分に固執する姿は、並はずれたものだった。

「先生、O先輩って、おかしいんですよ」と、ある日、同じ部活の後輩の女の子が、

O君のいない時に、話かけて来た。

「そうだろうと思うけど、どんな風に変なの？」と聞きかえすと、その子は、このように言うのである。

「先生、O先輩ってね、おんなじテニス部なんですけど、いつも、壁に向かって球を打っているんですよ。いっつもです。それで、帰っちゃうんです」。

「だって、テニスって言えば、相手と球を打ち合うのが普通でしょ？一緒にやってくれる相手がいないのかしらねぇ」。

「多分そうだと思います。ともかく、毎日なんですよ。壁を相手にバシッ、バシッって…」

O君がテニス部なのは、以前から聞いてはいたが、まさか常時、壁を相手にしているとまでは思わなかった。しかし、この後輩の言うことは、まさに、「うべなるかな」と思われ、そういうO君の姿は、何の不思議もなく、想像できるのだった。

彼は、テニス部に中一のときに入部しているのだから、三年生になっている今は、もう二年以上も入っている事になる。それなのに、その中に、ダべって話したり、一緒にチームを組んだり、打ち合ったりする相手になったりする友人が、一人もいないのである。

余りしゃべらない方だが、大人しいとか、静かな性格というのでなく、ただ、他の人と混わらないせいで、口数が少ないのだ。結構、競争心は強く、自分より成績の良い子に対しては、時々〝ガン〟をつけたり、悪い方の子には、尊大な態度で対したりするのである。勉強は頑張るので、上位の高校を狙っており、ギリギリだが、何とか入学する事が出来た。

大学に行きたいと言っていたが、行けるかもしれないし、卒業もできるかもしれない。しかし、恋人をつくるのはもとより、友人もいない――作れない、出来ない――彼には、どんな社会生活が待っているのだろうか。

O君のお母さんと面談の時、彼に友人がいないことを危惧すると、その人は、「でも、学校には休まず行ってますから」「部活もやめてませんし」と、私の言うことは意に介さなかった。

彼女は子供たちは二人とも、生後三ヶ月位から保育所に入れて働き続けている人である。彼女自身は、社会生活を営める人なのに、子供の〝おかしさ〟は心配ではないのだろうか。

私の感じたところでは、学業成績が、そこそこ上位であるので、母親には、彼の性格のおかしさは気にならないのだと思われた。そういう人だからこそ、「心」を育てることを忘れたのであろう。

生まれつきの性格もあるにしても、彼は、オタク度を増す一方の育ち方をしたと思われる。

四才下に妹がいて、小五の彼女も私のところに来ていたが、彼女は、オタクという感じはないにしても、たいへん感じの悪い子だった。子どものことを、「感じが悪い奴だ」と思うのは、大人として、また、私のような学習塾のような仕事をしている者として、あるまじきことかもしれないが、後にも先にも、「感じが悪い」と、あれほど深く感じたような子は、そう何人もいない。

今、振り返ってみると、その女の子も、情緒性が欠けており、私の優しい言葉かけや、親切な学習指導を無視し続けていたからだと思う。兄のO君は、反抗期だったりしているので、その年令の子が感じが悪いのは、それほど珍しくはない。だが、小学生は、たとえ高学年でもかなり子供らしいところがあるので、その子の感じの悪さが、強く印象に残っているのではないかと思われる。

O君の兄妹のように、人に〝不快さ〟を感じさせる子（人）には、友人は出来にくいのではないかと思う。誰だって〝不愉快なもの〟には、近づきたくないのではないか。

なぜ、人に不快な感じを与えるかと、つくづく考えると、まず第一に、彼等は、他者と心の交流が持てないということが挙げられる。

他者から投げかけられた「想念」や、「心」や「言葉」に対し、自らは投げ返すことをしないのである。

また、もう一つ、重要な事は、彼らには、「思いやり」というものが感じられないのである。あくまでも、「自分の気分」が中心にあり、それは、かなり強固に揺るぎの無いもので、自分の気分を浸蝕するものは、絶対に許さないし、無視するのだ。相手の気持ちを思いやったり、相手の立場を慮ることは、「しない」「出来ない」のである。

だから、だんだんと、周囲の人に嫌われたり、無視されたりするようになるが、「自分は良い」と、強烈に思っているから、自分を変えようとはしないのだ。その結果、他者との交流は絶たれてしまうのである。

このO君は、強い執着心の持ち主なので、保育所内などの幼い時のオモチャの取り合い等では、決して、負けなかったと思う。

O君は保育所内では、「勝っていて」「自分の思い通りにやる」そういうタイプの子だったのだ。しかも、それを、家庭で矯正される事がなかったのである。

この、O君のような子は、自分は、自分なりに満足できる世界にいるので「平気」なのだが、世の中に出れば〝使いもの〟にならないのではないか。

この、自分的世界に強く住みついている子は、保育所出身のみとは限らない。母親に放任されて自分勝手な性格になったため友だちが出来ず、オタク的世界の住人になる子もいる。


小6のS君は、〝鉄道オタク〟の小学生だった。保育所経験は無い。お母さんという方は、専業主婦らしかったが、彼女は一人っ子の彼を全く放任的に育てていた。

子どもを躾たり、深く係わったりしないそのお母さんは、自分自身、約束の時間が守れない人だった。

S君の塾の迎えに来る時間は、決まっているのに、全くデタラメなのだ。帰りの時間は分かっているから、普通の母親なら、十分とはたがわず来る。だいたい遅れても五分位であり、十分、二十分と必ず遅れる人は、少しでも塾に居させて、余計に勉強をさせたりするためなのだ。それは意図的な遅れである。

しかし、S君のお母さんは、三十分、一時間と遅れて来るのが、稀ではなかった。だからといって、S君にたくさん勉強させがっているという様子はない。

私のところは、そういう子のためにジグソーパズルを用意して、迎えが来るまで過ごせるようにしている。外に立たせていては、雨風が可愛そうなだけでなく、昨今は、危険だからだ。

S君は、黙ってパズルをやる時もあるが、実は、早く家に帰って、自分の好きな事をやりたいのだから、忘れられている子が気の毒になる。

小さな弟妹がいるわけではない。一人っ子なのだ。たった一人の子の存在が、しょっちゅう念頭に無い母親は、母親らしさが少ないと言っても言い過ぎではないと、私は思う。

母親が自己中心なら、子どもを厳しく躾けないし、子どもとの心のつながりは薄くなる。

そういう子は、自己中心が普通の事となり、他の人（友だちとか）との、係わり方がヘタになる。友達が出来にくかったり、うまくやってゆけなくなるから、自分の好きなものにのめりこむのである。

S君は、小学生としては、びっくりするほど遠方に一人で電車を見に行ったり、駅の写真などを撮りに出かけるのだ。そして、自分が関心のあるショーがあると、幕張メッセなどに、一人で出かけるということである。

「同じ趣味の子が集まると、話が合って、友達ができるでしょ？」と、私が聞くと、S君は、「出来ます」と言う。

一日、連れ立って、一緒にごはんを食べたり、いろいろ話をするらしいのだが、電話番号や、住所は教え合わないようだった。名前さえ聞いていないのだ。

「今度の日曜に、また、ここで――」というような約束をするということである。

「じゃあ、もし、どちらかが、その日に出かけなかったら、もう、会う事は無くなるわね。そうでしょ？」と聞くと、

「ええ、まあ、そういうことです」と言う。

相手の名前を知ろうともせず、自分も名乗らず、お互いを「オタク」と呼ぶ青・少年を観察した人がいる。名前を失念して申し訳ないが、その人が、「オタク族」と名付けたということだが、本当に、そういうことなのである。

一日、一緒に連れ立ってショー会場を見て歩き、御飯を食べたり、情報交換をしたりするなら、気の合った同士と言えるし、友人関係が始まるのが、普通ではないだろうか。しかし、このS君の話のように刹那的な出会いや触れ合い方を、不思議に思うこともない子どもたちが、本当にいるのである。

このような子がかなりの数で産み出されているのが、今日、この頃なのだ。
その原因が、生育過程にあるに違いないが、もっと深くには、今の日本の、「食うには困らぬ豊かさ」にあるのではないかと思う。

幼い時の生活環境が、「食べてゆくのがやっと」なら、親子や兄弟姉妹で共に働いたり、家事を助け合ったりしなければならない。そういう生活のなかでは、「自分的世界」は、常に脅かされるし、自分的世界を持つことさえ許されない。要するにオタクではいられないのだ。

「オタク」は、豊かな社会の産物であり、幼い時から「自己中心的な発想と生活」を許され続けていた子が成ってゆくのだ。

そして、そこには、先に述べた保育所の弱肉強食の檻の中で、自己中心的行動を、厳しく矯正されることが無く、家庭の中でも同様であった子が、かなりの確率で存在するに違いないと、私は考えている。

三、ストーカーの末路

「先生、あたし、T君がこわいんです」小五のU子ちゃんは、席を立った私の後をすがりつくように追って来て、涙ぐんで言うのだった。

「学校で、休み時間に、私から離れないんです。音楽とか教室を移るときも、必ず私のそばに来て、離れないんです」。

「でも、私は、あなたの学校に行って見張ることは出来ないのよ。でも、T君が来るようになってから、あなたが休みがちなのは、そういう事だったのね。」

U子ちゃんたち女の子が、T君のことをさけていることに気付いていなかったわけではない。しかしながら、T君が、そんなにもU子ちゃんをストーカー的に追いかけ回していると は知らなかった。

U子ちゃんのお母さんの話だと、学校の担任の先生に、T君を近づけないように頼んでいるのだという。しかし、担任の返事は、次のような軽いものだったそうである。

「別に、U子ちゃんが可愛いから好きなんでしょ」「好きだからそばにいたがるんでしょ」「よく、男の子でいるのよね、そういう子」「まあ、いちおう、注意はしておきますけどね」。

異性を好きになることは、悪いことではないし、人間の成長過程で、当然、起きてくることだ。しかし、相手がイヤがるなら、たいていの人は、付き合ってもらう事をあきらめるのではないだろうか。

それを、T君は、U子ちゃんがどんなに嫌がってもつきまとうのを止めないのだ。

U子ちゃんのお母さんに懇願されて担任の先生が注意した時、彼は、次のように言って、引き下がらなかったという話である。

「僕は別に、悪い事はしていません」。

「僕にだってU子ちゃんを好きになる権利がある。」

そう言われてみると、T君の言うことに一理あるような感じもする。

たしかに、彼がU子ちゃんを好きになる事そのものは、悪いことではないかもしれないからだ。

しかしながら、「心」という面から言うなら、イヤがるU子ちゃんをしつこく追いかけるのは〝悪い事〟である。他者を苦しめているからだ。彼には「他者を苦しめてはいけない」という「心」が無いのだ。そして、あろうことか、それを反省することなく、「自分にだって権利がある」と主張するところが、凄いのだ。

そんな彼は、塾内では、一人、無言で学習を続け、U子ちゃんが居る時は、時々、ジーッと見るのである。

U子ちゃんが学習日や時間を変えて彼を避け、塾内では彼女に会えなくなると、ほどなく、T君は私のところに来なくなった。

彼の目的は、U子ちゃんだけなのだ。私のところの学習法が好きで来ているのではない上に、「自分だけ良ければいいというような人間にはならないように」とかいうような私の言葉は、彼には無用のものであり、むしろ煩わしかったのだろう。

少し力が付くと、彼がすぐに、「生徒をランク付け」して、激しく競争心をあおり立てるような塾に移って行ったのは、当然であった。

その後の二人は、地元の公立中と、電車通学の私立中と、別々のコースに進んだ。

U子ちゃんの側も用心深くしていたし、時間・空間の隔たりもあったためか、T君のU子ちゃんへのストーカー的つけまわしは、なくなったということだった。

U子ちゃんのお母さんと私は親しくなり、〝お茶のみ〟をする間柄になった。Uさんに、その後のT君の消息を聞いた時、私たちは「やっぱりね」と頷きあったものである。T君は、有名大学の大学院に通っていたが、その地方都市の警察に、性犯罪で捕まったというのだ。

T君の両親は、社会的にも信用度の高い仕事についている人達である。人柄にも大きな問題は無く見えるが、私から見ると、「形」を大切にし、この世の「世渡り」を上手にしている人達と言える。

母親は、社会的地位を手に入れ、それを失うまいとして、T君を三ヶ月から保育所に入れて働き続けていたのだ。

しかし、子供の問題は〝犯罪〟という形で露呈してしまったのである。

いったい何のための仕事、何のための社会的地位、なんのための生活の安定なのか。一番大切なものを大切にしなかったために、我が子にも、人生で何が一番大切なのかを伝えられなかったのではないのか。

小学生の我が子に、〝異常〟な傾向が在る事に気付いた時点で、仕事を止めるか減らすかして、我が子の「躾」に努めるべきだったのではないだろうか。

保育所での「勝ち組」「勝ちグセ形成者」が、全て、怪しい存在になると言っているのではない。この例は、極端な例かもしれない。

しかしながら、このような頂点的な事象の下には、それを支えるピラミッド構造が存在するのだ。自分の子を、その一人にしたいと願うような親は一人もいない。それなのに、結果として、友も無く、思いやりも無く、善意や、社会倫理よりも、自分の欲望を先行させてしまうような子を持ってしまう人たちが少なくないのである。

四、勝ちグセと他者破壊

放任的な乳幼児集団のせめぎ合いは、子供の内面に「勝ちグセ」「負けグセ」を形成することに間違いないと私は思っている。

第五章で述べた「あきらめグセ」は、学習の取得状態そのものに問題が出る。しかし、この章の「勝ちグセ」の子たちは、極端に自己中心だったとしても、学習上には、大きなマイナスはみられない。

「勝ちグセ」の子は、常に「勝とう」とし、「勝てる」と思っているから、学習上、低意欲ということはないのである。

そして、「勝って当然」という気持ちが勉強に向けられるなら、上位成績をとる事や、社会的に高い地位を得ることは可能だからだ。

しかし、その無自覚な「強者感覚」は、時によっては社会的不適応を起こし、その子自身を滅ぼしかねないことは、T君の例でも分かることと思う。

私は、今日の「犯罪」のカゲに、この「勝ちグセ」が潜んでいることが少なくないのではないかと思う。

「力」によって、遊具を一人占めしていたり、おもちゃを、他の子から取り上げたりしている子は、自分の欲望を実現するために「力」を行使するのが当たり前になってゆく。

「力によれば、欲しいものを手に入れられる」という事実の積み重ねから、「欲しいものを手に入れるためには、〝力〟を行使すればよい。」という、強いクセを形作ってしまうのである。

力によって自分の思い通りにすることの快感は捨てにくいだろう。

自然界では、おそらく全ての動物において、その生殖では、力の強い者が勝利して、子孫を残せる。力のある者、賢い者の方が、力が弱かったり、トロかったりする者より、エサを、上手に、素早く手に入れられる。

結果として、メスを手に入れたり、子を持ったりできるのだ。

人間も、〝生命〟として生き延びようとする力―本能―を持っている。

確かに、力が弱いより強い方が、病弱より健康な方が、頭が〝悪い〟より〝良い〟方が、社会の中で、陽の目を見られるように感じられるかもしれない。

しかし、実は、人間は、動物としての制約のみに支配されているのではないから、強者でも、「力」の使い方によっては、自らを滅ぼしてしまうこともある。

さらに、「幸せ」「不幸せ」という観点から見れば、強者が、必ずしも幸せになる訳で無いことは、少し人生を生きて来た人には、分かる筈である。

「勝ちグセ」を放置すれば、その子は、自己改革出来るような優れた資質を強く持っていない限り、必ず、自己中心で、自分の欲望を満たすためには、他者の苦しみを意に介さない人間に成ってゆく。

このような傾向が子どもの中に見られたなら、良識のある人なら、矯正するべく、躾を厳しくするであろう。

しかし、子どもの中の、そのような傾向を、歓迎する両親が少なくないのである。

とりわけ、男の子の親には、「男の子なら強くなきゃ。」と、オモチャの取り合いで、取られて泣くより、勝って他の子を泣かす側の方が良いとする人が多いのだ。

「男の子なら、強くなきゃネ」と、人に同意を求めるような母親に、私は、多々、会って来ている。

力によって欲望を満たすことが、〝悪いこと〟でなく〝良いこと〟という基準を持っている親は、子どもの、「勝ちグセ」を放置してしまう。親の価値観が、子どもの「勝ちグセ」を助長するのである。

勝っていることを〝良し〟とするために、躾けるべきところを躾けないのだ。

このような親は、決して我が子を、「あなたは歓んでいても、○○ちゃんは、あんなに悲しんでいるでしょ。」などと、たしなめたりしない。他者の悲しみや苦しみに目を向けさせ、感じる心を育てるチャンスを失っているのである。放棄しているのである。

「勝って、ドコが悪い」「金儲けの、ドコが悪い」と、欲望を満たすことが〝悪い〟ことでなく〝良いこと〟という基準を、深奥に秘めている人は少なからずいる。多くの人が、そうかもしれない。広言する人もいれば、人前では、そうでないようにふるまっていても、本当はそう思っている人もいる。

もし、自己の欲望を満たすためには、傷つく者や、損をする者がいても意に介さないような心の持ち主に育ってしまえば、「理性」というタガがはずれれば、〝殺人〟にまで、至ることもあるのではないか。

少し極端な言い方になるが、「負けグセ」の究極は「自殺」になり、「勝ちグセ」の究極は「他殺」になると言えるのではないか。

なぜなら、「勝ちグセ」を作った子は、攻撃的、破壊的で、他者の悲しみ苦しみを思いやること無く、自己の欲望をはたそうとするからである。

このような傾向の子は、学校生活では、やや通用しても、成人して社会生活を営むようになると、難しい状況に陥る。

会社などでは、「理性」によって、何とか自分を抑えていても、どこかに、〝ハケ口〟を求める。「自分でない自分」でいつづけることは苦しいことである。

両親や兄弟姉妹に暴力―男子の場合は、時には性暴力―をふるったり、結婚していて妻子がいれば、妻や子を虐待したり、時には見知らぬ人に暴力をふるったりするのだ。

妻に暴力をふるい続けている男性は、「なぜ、〝悪い〟と思いながら、やめられないのか」「なぜ、突き上げて来るような衝動を、抑えられないのか」苦しんで、悩んでいる場合があるのではないだろうか。

しかしながら、幼児期の、自・他の区別もつかない時に形成された強いクセを、自覚できる訳は無いのである。

その子の両親でさえ、その根深いクセを、知らないのだ。

幼い時、「勝とう」「勝とう」と、前に出ていた子は、積極的な、前向きな人生を選んでいるわけではない。なぜなら、そのような〝自覚的な選択〟を出来るだけの、知識や経験が、幼児にはないからである。ただ、単なる、無自覚の内に、形成された「勝ちグセ」が表れているにすぎないのではないだろうか。

もし、「勝ちグセ」の女性が母親になると、その女性は、自己犠牲や、他を受け容れたり、自分を変えたりするのが出来にくい人なので、育児は、厳しい試練の場となる。

子供というものは、生まれたばかりの時は、百％、母親の時間を喰い尽す存在である。成長するにつれ、九十％。六十％、十％と、喰いつくす度合が減っていくのであるが――。

育児の日々とは、母親にとって「自分を捨てる」「自分をどんどん捨てる」「やりたいことをあきらめる」そういう日々なのである。たいていの人は、「大変だ」「大変だ」と思いながらも、乗り越えてゆくのだが、「自分勝手が許される」という強いクセを持っている人は、「育児放棄」や「虐待」に走ってしまうのではないだろうか。

なぜなら、「勝ちグセ」による暴力性を内在させている女性は、出産と育児のストレスが限界をきわめると、そのクセが発現してしまうからである。

赤ちゃんは、「こうして」「ああして」とは言わない。しかし、泣く。

「子供が泣いても気にしない。放っておく」という豪傑もいるが、大半は、辛い想いをしているのだ。「ストレスがゼロ」と言える人がいれば、その人は〝子育て〟をしていないのである。育児をしないで、自分勝手な時間をすごしているのだ。それは、〝普通ではない母親〟であり、そのような母親の子は〝普通でない子〟になるのだ。（第一章のAさんBさんの例）

赤ちゃんの泣き声は、赤ちゃんの「言葉」なのだから、それに敏感になることは、産みの親として、与えられた本能である。その本能が赤ちゃんの要求が複雑化してゆく時期に、母親を苦しめるのである。

「おなかがすいた」「オムツが汚い、気持ち悪い」ということばかりでなく、排便したくなって、お腹が痛くなって泣く子もいる。眠たくなるとグズる子もいる。皮膚感覚のため、どこかが〝かゆい〟と泣くこともあるだろう。自分が何かを「見たいのに見えない」と泣くこともあるかもしれない。

このように、要求が複雑化する時期の赤ちゃんが泣き出すと、なかなか泣く理由が分からない時には、大変な想いをするのである。

赤ちゃんを健康に育てるのに必要な為に、母親に内在する本能が、過剰に母親を苦しめてしまうのだ。

それに、先程、述べたように、赤ちゃんは母親の時間を喰い尽す存在である。眠い時に、泣かれて目をさます。授乳があり、オムツ替えがある。食事だって、ゆっくりしていられない。子どもを育てると、皆、「ごはんを食べるのが早くなるネ」と言う。

また、よく手をかけた子ほど、「核」が強固なので、親離れが早いのだが、育児を「辛い」「めんどっちぃ」「うざったい」と思っている母だと、かえって子供が自立しにくい。そうなると、母子の葛藤は、いやが上にも高まるのである。

仕事に生きがいがあったのに、やむなくやめた人。自ら望んで仕事より育児を選んだにしても、仕事に後ろ髪を引かれている人。芸術家としての人生を考える中で、育児が間にはさまれた人。そのような人も、勝手気ままな人だったわけではなくても、育児が苦しくなるのである。

育児全般がたいへんな事の上に、子どもの性格の違いがある。神経質だったり、持病があったりの、難しい要素が子どもの側にあると、母親は、さらに大変になる。通常の育児でも、熱を出したり、下痢をしたり…と、心配なことばかり起きるのに。

その上、辛いからと育児に手を抜けば抜くほど、子どもは聞き分けのない、手のかかる子になるのだ。なおさら、辛くなるわけである。

辛いことがあっても、〝子ども可愛さ〟に回帰出来る人は、人間らしさを失わないで、この日々を通り抜けることが出来る。しかし、内在する暴力性や破壊的衝動が、〝子ども可愛さ〟を上回れば、育児放棄や虐待が始まるであろう。

人間の赤ちゃんほど弱い存在はない。自ら移動できない。食物を手に入れたり、食べて危ない物とそうでない物を区別したり出来ない。与えられる物によってのみ、生きているのである。それも、三ヶ月とか一年とかでない。長い時間をかけて、少しずつ、少しずつ自立できるようになるのだ。たいへん長い期間である。

この、全面的依存に始まる生命に対し、心細やかな配慮や、奉仕が無かったなら、この生命は、簡単におびやかされ、時には、消去されるのである。

枚挙にいとまのない幼児虐待、殺児。その背景に、この「勝ちグセ」が潜んでいる事が少なくないと、私は思っている。

自分という中心がはっきりしない時期、自らの考えで「選んだり」「捨てたり」しているのではない時期。白紙の状態から、環境によって自分を創り始めた時期。このような人生の初期に、無自覚、無意識に刷り込まれた強烈な「クセ」は、その後の教育によって、知性や理性が磨かれていったにしても、人生の厳しい試練の場において、驚くべき力を持って、その暗部より頭をもたげ、姿を表すのではないかと思うのである。

あとがき

私がここで述べていることは、私が、私の人生や仕事を通して学んできたことであり、その日々の中で観察し、分析したことによって、人間が作り上げられてゆく過程を貫く一本の太い道筋について気づいた内容に他なりません。

現在、幼児や小・中学生に多く見られるようになった様々な〝障害〟があります。それらは、色々に名づけられ、分類分けされ、脳の欠陥とされているようです。あるいは、器質的な欠陥を原因としていることもあるかもしれません。しかし、私の体験した例について言うと、その幼児、児童が育てられる途上での、主たる養育者の母親に、極端な傾向や重大な欠陥が見受けられたのです。

私が、この本を表したのは、愛情があっても、どうして良いか分らなかったために、間違った対し方をして子どもをおかしくしてしまうお母さん方の力になりたいと思ったからです。

それから、もう一つ、世の人々へ、警鐘を鳴らしたいと思ったからです。

子どもは、次世代の社会を担ってゆく要員です。

一人一人の子が、いかなる人間に育ってゆくかは、その家族にとってだけでなく、社会全体にとって重要な問題であることは否めません。

今や、看過できない傾向が、子育ての中で起こっているのです。

この問題について、自分は何が出来るのか、何をするべきなのか、全ての人が、自らの問題として考え、取り組むべき時期が来ていることを、声を大にして訴えたいと思います。

村山和世（むらやまかずよ）

東京に生まれ、早稲田大学第一文学部哲学科西洋哲学専修を卒業。
1984年に東京都府中市においてコズモス英語教室（指導教科英・数）を開設し、後に学習室えんぴつハウスと改称し、指導教科を5教科とする。
子どもの喘息の転地療養のために千葉県下に転居。
現在は千葉市と東金市に2教室を開いている。

開設当初より、多くの学力不振児の相談を受け、学習指導を行う中でその原因の分析、究明を続けて今に至る。

母性革命 ――子育てに惑う人々へ ――

2012年6月20日　初版　第1刷発行

著　者　村山 和世
発　行　星舎書房
発　売　株式会社　水曜社
〒160-0022　東京都新宿区新宿1-14-12
電話 03-3351-8768　FAX 03-5362-7279

編集・制作　TFP

ISBN 978-4-88065-299-3 C0037